VOLTAR PAGINA
Elaborare il lutto

Lorenzo Bracco

VOLTAR PAGINA

Elaborare il lutto

Connettersi con la vita
DOMENICA Lorenzo Bracco, Dario Voltolini
UN BUON UMORE CONDIVISO
Silvio Perrella, Marcello Fois, Paolo Di Stefano, Emanuele
Coen, Noemi Cuffia

Copertina
Lorenzo Bracco, "Mi ritrovai per una selva oscura"
Acrilico su carta a mano

Editing
Giovanna Pettinari

Per informazioni contattare
(for information contact):
Dott Lorenzo Bracco
Corso Marconi 37
10125 Torino
Italy
lorenzobracco4@gmail.com

Il presente libro non intende sostituirsi all'opera del medico e dello psicoterapeuta, qualora essa sia necessaria.

MEDICAL DISCLAIMER: The following information is intended for general information purposes only. Individuals should always see their health-care provider before administering any suggestions made in this book. Any application of the material set forth in the following pages is at the reader's discretion and his or her sole responsibility.

"A nessuno accade nulla che egli non sia incline per natura a sopportare".
MARCO AURELIO (121 – 180 d.C.)

INDICE

ELABORARE IL LUTTO E VOLTARE PAGINA

È un'esperienza che tutti abbiamo fatto nella nostra vita. Vi sono storie che vanno a termine e nuove storie che cominciano.

Elaborare il lutto di una storia finita ci permette di voltar pagina e di cominciarne un'altra svincolata da quella per cui si è elaborato il lutto.

Iniziare con entusiasmo e con buoni auspici una nuova avventura, perché in fondo la vita è un'avventura, necessita di aver esaurito la precedente e averne elaborato il lutto.

Per fare un esempio: cominciare con entusiasmo e buona energia le scuole medie dipende anche dall'elaborazione del lutto relativo alla fine delle elementari, così come cominciare bene la vita matrimoniale dipende anche dall'elaborazione del lutto della vita da single.

Già Kierkegaard nel libro *Aut-Aut* diceva che la scelta di una vita consacrata al lavoro e al matrimonio, che lui chiamava "vita etica", era abbandonare quella vita da lui detta "vita estetica", ovvero elaborare il lutto delle infinite possibilità di scelta di quel tipo di vita che noi oggi chiamiamo "da single".

Distacco e nuovo inizio

Ogni nuovo inizio ha come punto di partenza un distacco, un cambiamento di stato e di conseguenza un lutto da elaborare.

Come non è possibile, secondo il detto, servire due padroni, così non è possibile essere totali in due esperienze antitetiche. Nell'Eneide di Virgilio gli dèi compaiono in sogno a Enea, che è fuggitivo con i suoi da Troia. Gli dèi ordinano a Enea, che è già giunto secondo il loro volere a destinazione, di dar fuoco alle navi.
Finché si hanno le navi pronte a salpare è impossibile applicarsi con tutta la forza per insediarsi sul territorio. Enea, ubbidiente, dà fuoco alle navi.
Smettere con l'idea di salpare nuovamente ed elaborarne il lutto è necessario per poter puntare i piedi nelle difficoltà incontrate per diventare stanziali e non più fuggitivi.

Distacco e rituali collettivi

La società, grazie a una serie di rituali collettivi, ha da sempre, e in passato più che oggi, accompagnato il singolo individuo e la sua famiglia nei vari passaggi e nei lutti connessi.
Non a caso vi sono rituali sociali di accompagnamento sia per il celibato e il nubilato che finiscono e sia per il

matrimonio che inizia. Simbolicamente è come se vi fosse da chiudere una porta se si vuole aprirne un'altra.

Nella parcellizzazione della famiglia alla quale abbiamo assistito negli ultimi tempi, nella globalizzazione dei comportamenti sociali o, per dirla molto più semplicemente, nell'evoluzione dei tempi, molti rituali di passaggio sono andati perduti. L'ingresso in società per il sesso femminile a diciotto anni e la famosa cartolina del militare per i ragazzi possono far parte di questi rituali di transizione dall'essere i giovani nella famiglia dei genitori al percepirsi come adulti responsabili e con le briglie della propria vita in mano.

È probabile che anche per questi motivi oggi i giovani trovino maggior difficoltà ad andarsene dalla casa genitoriale.
Il distacco progressivo del giovane dal focolare di origine non è più sancito ritualmente con lo scadere biologico della minore età e l'elaborazione del lutto molte volte non inizia né da parte dei genitori né da parte dei figli.

Il distacco oggi

Da una società fortemente ritualizzata il singolo era aiutato, quasi preso per mano, con feste e cerimonie ad attraversare i distacchi. Anche la vita confrontava maggiormente l'individuo con i propri distacchi e cambiamenti.

Oggi si ha, più che nel passato, la sensazione di vivere in un perenne continuum senza cambiamenti né distacchi da quanto è avvenuto prima. Basti pensare ai Rolling Stones che continuano a saltare sul palco come se fossero dei ragazzini, o ad attori e attrici che vogliono apparire come se il tempo non li riguardasse.

Oggi non solo il ciclo della vita, ma anche il ciclo stagionale è poco scandito, oltre che per il cambiamento del clima al quale si assiste negli ultimi tempi, anche per la presenza, a seguito della globalizzazione, di ogni tipo di frutta e verdura in tutti i momenti dell'anno, quest'ultima cosa può apparire banale perché ormai per noi è consueta da tempo.

Distacco e trauma

Non c'è da stupirsi che oggi vi sia maggior difficoltà a gestire i distacchi rispetto a una volta, quando vi erano una filosofia e un modo di vivere più consoni a percepirli, a esprimerli e a gestirli.
Un distacco mal gestito è un vero e proprio trauma.

L'apprendimento a saper gestire i piccoli distacchi corrobora anche la capacità a gestire i grandi distacchi che forse possono essere procrastinabili, ma purtuttavia sono inevitabili nella condizione umana, oggi come ieri.

La nascita: esempio di distacco che può essere traumatico

Nascere alla vita ha in sé l'aspetto del distacco.
Abbandonare il ventre materno è anche fare il lutto della simbiosi con mamma e di un modo di funzionare, ovvero di una fisiologia.
Avvengono cambiamenti radicali, come ad esempio per la fisiologia respiratoria. Il neonato termina una fisiologia di immersione nel liquido amniotico e di respirazione placentare, potremmo dire muore a esse, per iniziare una fisiologia di respirazione in ambiente aereo. Anche nel parto in acqua il neonato dà il primo respiro solo quando ha la testa fuori dall'acqua. Può apparire paradossale, ma il neonato nascendo si trova

ad avere lutti da elaborare.

Anche da parte della madre con la nascita del figlio vi sono da elaborare lutti connessi non solo con il distacco dal figlio, ma anche col cambiamento del proprio stato: non essere più una donna in stato interessante. Alcune depressioni post partum possono avere come concausa, oltre a fattori medici come ad esempio quelli ormonali, la difficoltà dell'elaborazione del lutto.
Può apparire ovvio, ma va preso nella debita considerazione il fatto che nella nascita la difficoltà dell'elaborazione del lutto, relativo al distacco e al cambiamento, può essere aumentato da un parto particolarmente traumatizzante.

Il trauma, e non solo alla nascita ma in tutti i distacchi, rende il processo di elaborazione del lutto più difficile.

Che cos'è il trauma

La parola "trauma" in greco significa letteralmente "ferita".

Il trauma interferisce non soltanto con il sistema nervoso, il corpo e il funzionamento fisiologico, ma anche con psiche ed emozioni.

Il trauma non è costituito dall'evento di per sé, ma da come l'evento è gestito dal sistema neurovegetativo dell'individuo.
Infatti è possibile constatare come il medesimo evento per una persona sia fonte di trauma e per un'altra non soltanto non sia traumatico, ma incredibilmente sia fonte di appagamento, divertimento, gioia. Basti pensare al salto con gli elastici dal ponte: vi sono alcuni che sarebbero disposti a pagare migliaia di dollari se solo potessero saltare dal mitico ponte di Brooklyn, mentre per i più, anche se sono in buona forma fisica, sarebbe un evento traumatico.

La conclusione è che il trauma non dipende dall'evento di per sé, ma dalla grande attivazione del sistema neurovegetativo che è stata necessaria per far fronte all'evento e che in quell'individuo non riesce a scaricarsi a evento concluso.
Se ne deduce che il trauma consegue a un'incapacità di quel soggetto a smaltire la grande attivazione del sistema neurovegetativo. Tale capacità varia da

soggetto a soggetto: per una persona un evento può essere traumatico e per un'altra no, è un'esperienza tra le altre che per di più può essere anche appagante.

La capacità a smaltire la grande attivazione del sistema neurovegetativo, che è stata necessaria per attraversare l'evento, dipende soprattutto dal fatto che la persona abbia fatto esperienza in modo progressivo, debitamente accompagnata, ad attraversare eventi analoghi.
Per chiarire torniamo all'esempio del salto con gli elastici legati ai piedi dal ponte di Brooklyn. Se chi lo effettua ha compiuto il training idoneo con un valido istruttore, è in buona forma fisica e l'impresa sia stata debitamente preparata, è molto probabile che tragga grande appagamento dal salto. Se chi compie tale salto è uno sprovveduto senza preparazione, è molto probabile che ne resti traumatizzato.

Un evento analogo a quello che è stato in passato per l'individuo fonte di trauma di solito tende, se non debitamente gestito, a essere ritraumatizzante, perché si tende a riprodurre il medesimo iter nel funzionamento del sistema neurovegetativo. Il sistema neurovegetativo non può tornare a riposo per l'incapacità di quel soggetto di smaltirne la grande attivazione e tale meccanismo con la ripetizione si rinforza. Per fare un esempio, è come nelle strade di campagna non asfaltate in cui il passaggio delle ruote sempre negli stessi punti porta profondi solchi in cui si sprofonda ogni volta più.

Ne consegue che piccoli traumi simili ripetuti possono diventare un grave problema. Questo vale anche per i traumi causati da distacchi.
La grande attivazione che resta nel sistema neurovegetativo a seguito di un trauma interferisce col

funzionamento del sistema neurovegetativo stesso e da qui ha conseguenze sulla fisiologia, sul corpo, sulle emozioni e sulla psiche.

L'uomo nel trauma è implicato globalmente anche se l'evento, causa del trauma, ha apparentemente implicazioni solo fisiche. Per esempio, un incidente con ferite e fratture ha implicazioni anche emozionali e psichiche.

Anche traumi apparentemente non fisici, come il distacco da una persona cara con la fine di una relazione amorosa o in caso estremo con la morte, hanno implicazioni non solo emozionali e psichiche, ma anche fisiche.

In conclusione nell'uomo il trauma coinvolge il sistema neurovegetativo, la fisiologia, il corpo, le emozioni e la psiche.

Trauma e sistema neurovegetativo

Elaborare il trauma è cosa che l'esperienza e la saggezza insita nell'uomo possono arrivare a compiere anche senza conoscere in dettaglio come funziona il sistema neurovegetativo, per cui se trovate ostica la spiegazione riguardo al sistema neurovegetativo che qui segue, non fatevene cruccio e proseguite nella lettura.

Il sistema neurovegetativo ci permette di vivere regolando i battiti del cuore, la pressione sanguigna, la respirazione, le funzioni digestive, assimilative, escretive, secretive, le funzioni sessuali, solo per citare le più importanti, ovvero tutte quelle che vengono chiamate "funzioni vegetative". Queste funzioni vitali sono dipendenti dalla parte più profonda e più antica del cervello, in comune con tutti gli animali.

Il sistema neurovegetativo si compone del sistema simpatico e di quello parasimpatico.

La vita si svolge in una continua alternanza tra il sistema neurovegetativo simpatico e il parasimpatico, i quali sono deputati a funzioni opposte: trattenere l'urina oppure emetterla, stringere i vasi sanguigni oppure dilatarli, accelerare il battito cardiaco oppure rallentarlo, ecc., secondo le necessità del momento. Se la fluidità tra i due sistemi è buona a evento concluso si ha una sensazione di appagamento, di soddisfazione, la sensazione "di aver fatto proprio una bella cosa".

I sistemi neurovegetativi sono implicati nelle risposte che l'organismo ha di fronte a una minaccia. Queste risposte furono ampiamente studiate da Henri Laborit (1914-1995) chirurgo, biologo e studioso del comportamento animale e umano. Egli identificò fondamentalmente tre risposte: la lotta o la fuga e la perdita dei sensi.
Il sistema simpatico è quello che ci permette la risposta di lotta o quella di fuga. Sia per la lotta che per la fuga abbiamo bisogno di mobilizzare una grande quantità di energia per combattere nella lotta o per correre nella fuga: il cuore batte più veloce, la pressione arteriosa aumenta, i vasi sanguigni dei muscoli si dilatano in modo da fornire a essi più energia, mentre quelli del sottocutaneo, dei visceri addominali e dei genitali si contraggono per non disperdere energia in aree non implicate nell'immediata sopravvivenza e, grazie all'adrenalina prodotta, aumenta lo zucchero nel sangue pronto per essere bruciato e produrre nuova energia.
La funzione del sistema parasimpatico è invece connessa con la terza risposta di fronte al pericolo, secondo Laborit, che può culminare con l'anestesia e la perdita dei sensi. L'animale che sta per essere sbranato, proprio per salvaguardarsi, si anestetizza e perde i sensi. Il sistema parasimpatico rallenta i battiti cardiaci, abbassa la pressione arteriosa, stimola le funzioni dei visceri in cui aumenta anche il flusso sanguigno.

Se l'attivazione di uno dei due sistemi neurovegetativi, che è stata necessaria in un evento della vita, non si scarica completamente a evento concluso, questa grande attivazione non smaltita persiste nel sistema neurovegetativo che non si è scaricato e dà origine al trauma.

Dei due sistemi neurovegetativi quello che dopo l'evento originario non ha smaltito la sua energia si troverà iperattivato:

- l'attivazione del simpatico darà tachicardia, agitazione, sudorazione fredda, accelerazione della capacità ideomotoria e si tenderà a restare svegli;
- l'attivazione del parasimpatico darà bradicardia, diminuzione della pressione arteriosa, accentuazione delle funzioni viscerali, sonnolenza.

Il sistema neurovegetativo rimasto attivato non permette il passaggio verso l'altro sistema neurovegetativo e, di conseguenza, sregola il funzionamento neurovegetativo dell'organismo.

La vita, alla lunga, non è possibile senza l'alternanza tra i due sistemi neurovegetativi, ragione per cui nel caso che uno dei due sistemi neurovegetativi, il simpatico o il parasimpatico, sia rimasto iperattivato, l'altro tende, dopo un po', a "compensarlo" in modo da poter permettere ancora l'alternanza tra i due sistemi neurovegetativi.

Lo stress

Una grande attivazione del simpatico tende a essere compensata da una reattiva grande attivazione del parasimpatico; viceversa una grande attivazione del parasimpatico tende a essere compensata da una reattiva grande attivazione del simpatico.

Anche intuitivamente si può immaginare come sia difficile il passaggio da qualcosa di molto alto a qualcosa rimasto ad altezza normale, per avere il passaggio ambedue devono essere allo stesso livello e se ciò che è salito non scende, ciò che è rimasto normale salirà al livello dell'altro per permettere il passaggio. Il risultato è che i due anziché essere rilassati e tranquilli tendono a ergersi in contrapposizione l'uno contro l'altro, con grande dispendio di energia: questa condizione viene definita "stress".

D'altronde, la parola inglese "stress" deriva originariamente dal linguaggio architettonico e sta a indicare la controspinta che una qualunque struttura, come un mezzo arco o una mezza volta, richiede per poter rimanere in piedi. Un mezzo arco, grande o piccolo che sia, per sopravvivere necessita di una controspinta uguale a quella che lui esercita, ma di direzione opposta. In modo analogo all'immagine del mezzo arco, ognuno dei due sistemi neurovegetativi per sopravvivere necessita di una controspinta uguale alla propria da parte dell'altro sistema neurovegetativo.

La parola "stress" sta a indicare la contemporanea grande attivazione di ambedue i sistemi neurovegetativi a seguito della compensazione reattiva di uno dei due sistemi alla grande attivazione non scaricata dell'altro.

Quando invece quel sistema neurovegetativo attivato nell'evento ha modo di scaricarsi, non c'è bisogno che l'altro sistema si attivi per compensare. Potremmo dire che i due sistemi restano "rilassati", con poco dispendio di energia. Così nell'equilibrio tra i due sistemi neurovegetativi si ha un facile passaggio tra il simpatico e il parasimpatico, o viceversa tra il parasimpatico e il simpatico.

Le dipendenze

Se il sistema neurovegetativo non arriva all'autoregolazione, due possono essere le vie per sopravvivere: lo "stress", di cui abbiamo già parlato, e la "dipendenza". Quest'ultima interviene sul sistema neurovegetativo per regolarlo, ma dall'esterno.

Si può essere dipendenti da sostanze esogene, ad esempio: dalla pastiglia di calmante, dallo psicofarmaco, dal tabacco, dall'alcol, dalle così dette droghe. La dipendenza porta a una modificazione del funzionamento del sistema neurovegetativo e della fisiologia del corpo umano. Sono da considerare in questa categoria anche tutti quei comportamenti alimentari che portano alla dipendenza, ad esempio eccesso di zuccheri, di carboidrati, di patate, di grassi, di glutammati, ecc..

Non solo comportamenti che implicano l'assunzione di sostanze, ma anche comportamenti esistenziali possono modificare il funzionamento del sistema neurovegetativo e della fisiologia del corpo umano diventando così delle dipendenze.
Sono i così detti comportamenti compulsivi che possono riguardare i più diversi aspetti dell'essere umano, dalla sessualità all'attività fisica o lavorativa, per non parlare dei rapporti affettivi. Vi sono persone che in qualche modo sentono la necessità di stravolgersi con eccesso di lavoro o di fatica fisica, o che si sentono appagate solo nel continuo mettersi in

pericolo in sport estremi. Anche la spasmodica ricerca affettiva può essere una dipendenza, come d'altronde sono da considerare dipendenze la ricerca di emozioni indotte da situazioni esterne, come ad esempio la visione di film thriller o dell'orrore, oppure programmi di vacanza e di tempo libero che aumentano la fatica esistenziale.

In ultima analisi, il comportamento che porta alla dipendenza, qualunque essa sia, agisce sul sistema neurovegetativo traumatizzato permettendogli una regolazione che può essere utile nell'immediato, però continuare questo comportamento vuol dire diventarne dipendenti e sul lungo si paga a ben caro prezzo.

Elaborare il trauma
(secondo gli studi di Peter Levine e Laurence Heller)

Una situazione di equilibrio tra i due sistemi neurovegetativi e di fluidità di passaggio dall'uno all'altro dà una sensazione di appagamento e di soddisfazione, ovvero attiva i movimenti extrapiramidali, come ad esempio quelli della mimica facciale e dell'equilibrio posturale, e tutte quelle funzioni regolatorie viscerali le cui fibre nervose costituiscono il vago ventrale.

Sebbene il nervo vago si componga del vago dorsale, prospiciente la parte dorsale del corpo e in cui passano le fibre del parasimpatico, e del vago ventrale, prospiciente la parte ventrale del corpo e in cui passano le fibre deputate all'appagamento e all'autoregolazione, a volte nel linguaggio corrente si dice "attivazione del nervo vago" o anche "attivazione vagale" per intendere l'attivazione soltanto del parasimpatico, sarebbe più esatto dire "attivazione del vago dorsale", perché il vago ventrale è deputato a tutt'altra funzione.

L'attivazione del vago ventrale è strettamente connessa con l'appagamento, la soddisfazione, i movimenti extrapiramidali e con l'attivazione dei neuroni a specchio, posti nei lobi frontali degli emisferi celebrali, deputati alla socializzazione. Si attiva quell'insieme di risposte di appagamento e di soddisfazione che sono la conseguenza di eventi non vissuti come trauma, ma vissuti come arricchimento dell'esperienza.

La fluidità di passaggio tra i due sistemi neurovegetativi simpatico e parasimpatico permette di attraversare qualunque evento della vita sentendo in modo corretto l'emozione a esso connessa, ovvero la percezione e l'espressione di una emozione necessita anche di tale fluidità.

Tutta la vita dell'uomo è connessa con le emozioni: dagli eventi della quotidianità, come ad esempio l'improvviso scattare del semaforo rosso, mentre sto transitando a tutta velocità, con tutta la serie di risposte che dovrebbe attivare, alla telefonata che comunica una brutta notizia.

Il distacco è fonte di emozioni da percepire e da esprimere. Perché ciò possa avvenire al meglio si richiede una buona fluidità di passaggio fra i due sistemi neurovegetativi. Se questa fluidità di passaggio non può avvenire per la grande attivazione che residua in uno dei due sistemi neurovegetativi, il distacco sarà un evento traumatico.

Il trauma che, come abbiamo già detto, in greco antico vuol dire "ferita", può come quest'ultima per così dire incancrenirsi, soprattutto quando il trauma si ripeta in modo simile nel tempo o quando sia stato trascurato e non debitamente curato. Elaborare un tale trauma è cosa complessa che necessita di tempo e di una strategia idonea, per cui il consiglio è di farsi aiutare da uno specialista.

Ogni trauma ha caratteristiche specifiche, perché s'inserisce nel vissuto individuale e irripetibile della persona. Pur tuttavia vi sono elementi e indicazioni comuni a tutti i traumi per la loro elaborazione.

Quando entriamo nella zona trauma e nel suo ricordo, il sistema neurovegetativo tende a perdere la fluidità di passaggio tra simpatico e parasimpatico.

Il sistema neurovegetativo per poter ripristinare la sua fluidità necessita, se vogliamo usare un'immagine, di più spazio e di più tempo. È come se il trauma fosse stato causato da un evento che ha la caratteristica, per dirla con una parola di Peter Levine grande specialista della terapia del trauma, di essere vissuto come "troppo": o "troppo" come quantità o intensità e/o "troppo" veloce nel suo svolgimento e/o "troppo" presto, quando non si è ancora pronti.

Un semplice esempio, ma che rende l'idea, è mangiare un cibo di buona qualità ma o troppo come quantità e/o troppo in fretta e/o troppo presto quando non si è ancora pronti per digerirlo. Può sembrare paradossale, ma si può morire anche di indigestione.
A evento avvenuto c'è bisogno di dare più spazio per contenere e più tempo per elaborare l'evento traumatico. Tornando all'esempio del cibo: slacciarsi la cintura, spaparanzarsi in poltrona, prendersela con calma rimandando pensieri, parole e opere troppo impegnativi a digestione avvenuta.
Dare spazio e tempo vale per tutti i traumi, compresi quelli connessi con il distacco.

Il trauma, come abbiamo detto, è conseguente alla grande attivazione che residua in uno dei sistemi neurovegetativi, simpatico o parasimpatico, a seguito di un evento ed ha conseguenze non solo sul sistema neurovegetativo stesso, ma anche sugli stati emozionali, sulla psiche e sul fisico.

Felt sense

Elaborare il trauma non è connesso col fare né con l'immaginare, ma col "sentire", cominciando col sentire il proprio fisico.

Si devono sentire le proprie sensazioni fisiche sentendo quello che c'è da sentire, scusate il gioco di parole ma è il modo col quale cerco di tradurre l'espressione americana "felt sense", e dando lo spazio e il tempo necessari a questo sentire, senza rifiutarlo. Rimanendo in questo sentire fisico, sentire se vi sono emozioni e pensieri a esso connessi. Poi, sempre rimanendo sulla sensazione fisica, sentire come essa evolva. Quello che a seguito del trauma sentiamo nel nostro corpo, come ad esempio una contrattura, dipende da un eccesso di energia rimasta nel sistema neurovegetativo e non scaricata. Attraverso il "felt sense" questa energia anziché rimanere bloccata in un punto, come capita nel trauma, può finalmente fluire nel nostro corpo. Facendo l'esempio del cibo, l'eccesso di nutrimento nello stomaco è pur sempre nutrimento che, se gli si lascia il tempo e lo spazio, può fluire sotto forma di nutrimento nel corpo.

Poiché il trauma è caratterizzato da una grande attivazione di uno dei due sistemi neurovegetativi, tale grande attivazione può provocare, ad esempio, una contrattura in una parte del corpo, oppure una anestesia. Siccome il trauma è dovuto a una grande attivazione di uno dei due sistemi neurovegetativi non scaricata, la sua elaborazione consiste nel lasciar fluire questo eccesso di attivazione. Come? Mentre si sente quella parte del corpo in cui vi sono sensazioni, contemporaneamente sentire tutto il resto del corpo e sentire come quella sensazione può evolvere e fluire nel corpo. Facciamo l'esempio di sentire una contrattura in una parte del corpo: solitamente quelle localizzate alla testa, al collo e alle spalle fluiscono nelle braccia, negli avambracci e nelle mani, quelle al torace e all'addome fluiscono nelle gambe e nei piedi. Questo fluire può essere sotto forma di calore, di tremito, di brivido, di sensazione di "formiche", di movimenti involontari o quant'altro. Una volta che questo fluire si è aperto verso altre parti del corpo, si è scaricata parte di quell'eccesso di energia causata sul fisico dal sistema neurovegetativo.

In ultima analisi abbiamo scaricato un po' della grande attivazione che residua in uno dei sistemi neurovegetativi, simpatico o parasimpatico, per cui la capacità di fluidità fra questi due sistemi neurovegetativi è un po' migliorata. Potremmo dire che dando tempo e spazio alle sensazioni del corpo, acquisiamo poco alla volta una capacità di autoregolazione del sistema neurovegetativo.

Titolazione

Elaborare il trauma consiste nel dare tempo e spazio alle sensazioni che provengono dal corpo e nel dare tempo e spazio al ricordo del trauma, poco alla volta, cominciando dalle cose piccole. Si tratta di digerire il trauma, ovvero digerire il/i "troppo": o troppo come quantità e/o troppo veloce e/o troppo presto.

Per digerire bisogna procedere a piccoli bocconi, cominciando da quelli più facili da digerire, e lasciare a ogni boccone il tempo per lui necessario a essere smaltito. Questo nel gergo tecnico dei terapisti del trauma è chiamato "titolazione", parola presa dal linguaggio dei chimici, che letteralmente vuol dire far cadere un liquido con il contagocce, poco poco alla volta, contando le gocce una ad una, non certo buttandolo dentro tutto assieme. Per fare un esempio culinario, prendersi cura del proprio trauma è come fare la maionese in cui c'è bisogno di aggiungere l'olio goccia a goccia, altrimenti se si butta l'olio tutto assieme la maionese impazzisce.

Così pure nell'elaborare un trauma bisogna procedere a piccoli passi altrimenti si rischia l'effetto opposto: quello di ritraumatizzare ancora di più la persona. Poco alla volta, sentendo il fisico e "titolando" il ricordo di quella situazione che era stata traumatica, si riacquista fluidità nell'alternanza del sistema neurovegetativo, ovvero si elabora il trauma.

Questo vale anche per i traumi di distacco e di abbandono.

Autoregolazione del sistema neurovegetativo

L'autoregolazione del sistema neurovegetativo è anche facilitata da una buona interconnessione fra i due emisferi cerebrali.
Questa di conseguenza facilita l'elaborazione del trauma già instaurato o rende meno probabile lo strutturarsi come trauma dell'esperienza presente.

L'interconnessione fra i due emisferi cerebrali avviene in quella parte del cervello chiamata "corpo calloso" che unisce i due emisferi.
Gli emisferi cerebrali, relativamente ai movimenti volontari, comandano ognuno il lato a lui opposto: l'emisfero destro il lato sinistro del corpo e l'emisfero sinistro il lato destro del corpo. Ne consegue che per fare movimenti volontari ampi e ben coordinati tra lato sinistro e lato destro, è necessaria una buona

coordinazione tra i due emisferi.

La comunicazione tra gli emisferi cerebrali è potenziata dai movimenti volontariamente amplificati e incrociati degli arti superiori e inferiori, non dai semplici movimenti ritmici e automatici. Questo avviene per esempio in quello che è chiamato il "passo romano", usato dalle legioni romane come passo da battaglia. Pare che uno dei motivi della superiorità militare romana fosse l'equilibrio che tale passo dà nella fluidità del sistema neurovegetativo che permette una buona fluidità emozionale, rendendo per esempio più improbabili le crisi di panico. Se non si vuole fare il passo romano può essere già buona cosa camminare ad andatura sostenuta accompagnando il movimento della gamba con un volontario e ampio movimento del braccio controlaterale, non con il semplice pendolamento automatico e involontario del braccio. Anche toccarsi o lasciarsi toccare ritmicamente in modo alternato parti del corpo controlaterali, come ad esempio alternativamente il ginocchio destro e il ginocchio sinistro, può essere d'aiuto per migliorare la comunicazione tra gli emisferi.

Non solo i movimenti relativi agli arti, ma anche quelli degli occhi facilitano la connessione tra gli emisferi, ad esempio guardare muovendo da destra a sinistra e viceversa gli occhi, con ampi movimenti, tenendo ferma la testa.

Il "felt sense", la "titolazione", il miglioramento della connessione interemisferica cerebrale possono essere usati da ognuno di noi per aiutare a scaricare l'eccesso di energia rimasta nel sistema neurovegetativo a seguito di un evento che può essere anche di distacco. Questo è aiutare il nostro organismo a trovare la propria "autoregolazione".

La risonanza

Vi sono prove scientifiche che il sistema neurovegetativo di una persona tende ad andare in risonanza col sistema neurovegetativo di un'altra persona presente.

Facciamo l'esempio di una persona che stia raccontando a un'altra la propria esperienza di distacco vissuta con le connotazioni del trauma. Il sistema neurovegetativo di chi racconta sarà iperattivato o nel simpatico o nel parasimpatico e anche il sistema neurovegetativo di chi ascolta tenderà per risonanza ad attivarsi in modo analogo. Se chi ascolta non è in grado di autoregolarsi, portando il proprio sistema neurovegetativo a essere di nuovo fluido, si rischia che la comunicazione fra le due persone, per effetto della risonanza, non soltanto non porti beneficio a nessuno dei due, ma sia ritraumatizzante per chi racconta e causi trauma nell'ascoltatore. Se invece chi ascolta è in grado di autoregolarsi, per risonanza aiuta chi racconta ad autoregolarsi, cosa che sicuramente è di beneficio per quest'ultimo. In questo caso ha beneficio non solo chi racconta, ma anche chi ascolta, perché può fare tesoro dell'esperienza altrui. Per ottenere ciò bisogna che ambedue le persone siano presenti al "felt sense", ovvero al sentire nel proprio corpo, e che il racconto sia "titolato", diluito a piccole gocce, e che ogni goccia venga lasciata cadere solo dopo che la precedente si sia disciolta.

Confrontarsi con un distacco

A questo punto propongo un esercizio.
Vi domando di visualizzare un distacco che per voi però non sia troppo attivante, ovvero che non sia stato per voi traumatizzante, o almeno non vi appaia tale, e di annotarlo sul vostro quaderno di lavoro.

La pratica si può svolgere sia soli che con un'altra persona.

- Se siete soli vi invito a prendere il foglio su cui avete annotato il distacco, a leggere ad alta voce quanto avete scritto, a visualizzarlo e, sempre ad alta voce, raccontarlo a voi stessi per tre o quattro minuti, meglio se vi regolate con una piccola sveglia. Poi fate qualche secondo di raccoglimento e "sentite ciò che c'è da sentire" nel corpo, nelle emozioni e nella mente e prendete qualche appunto al riguardo.

- L'esercizio si può fare con un'altra persona. La scelta del partner può avvenire in base alla similitudine, alla simpatia e alla confidenza, ma il rischio è di avere una scelta un po' "addomesticata". Questa scelta può anche andare bene se non vi sono altre possibilità o se siete troppo timidi per andare al di là del già conosciuto. È molto probabile che la scelta possa essere più arricchente se fatta cercando ciò che è sconosciuto e diverso, ad esempio per sesso, per età e forse, per quanto può essere immaginato a prima vista, per atteggiamento di fronte alla vita. Infatti l'incontro con la diversità può essere per ognuno particolarmente ricco per spunti di nuovi atteggiamenti nei confronti della vita.

Se condividete con un'altra persona ognuno legge all'altro, per tre o quattro minuti, ciò che ha scritto sul foglio e dice ciò che si sentirà di esprimere al riguardo, essendo ben presente al proprio "felt sense". L'altra persona ascolta in modo puramente recettivo, senza intervenire con commenti o consigli, presente al proprio "felt sense".

Finita la comunicazione vi è un tempo in cui in silenzio ognuno "sente ciò che c'è da sentire" nel proprio corpo, nelle proprie emozioni, nella propria mente: ciò riguarda sia chi ha parlato sia chi ha ascoltato e ognuno annota per scritto ciò che ha "sentito".

A questo punto si invertono i ruoli, sempre con la stessa modalità e sempre annotando ciò che si è sentito nel proprio corpo, nelle emozioni e nella mente.

Ne consegue che chi è in coppia avrà due appunti diversi: uno relativo a cosa ha "sentito" raccontando e un altro relativo a cosa ha "sentito" ascoltando.

Lavorando in coppia si ha la possibilità di potersi porre non solo nel ruolo di chi rammemora il distacco, ma anche nel ruolo di chi ascolta ed è testimone di un distacco avvenuto a un'altra persona.

Se state vivendo questa esperienza in un gruppo di terapia, l'invito a questo punto è di condividere nell'ambio del gruppo ciò che c'è stato di saliente. Sarà compito poi del terapista gestire le dinamiche di gruppo.

Dopo essersi confrontati con questo distacco non troppo attivante, si prosegue con una meditazione per riconfrontarsi poi, arricchiti dall'esperienza meditativa, con il medesimo distacco e vedere se qualcosa è cambiato nelle proprie percezioni.

Meditazione

La meditazione che propongo non è in chiave mistica né esoterica, ma è semplicemente "sentire ciò che c'è da sentire" riguardo al proprio corpo, alle proprie emozioni e ai propri pensieri.
Meditare è essere presenti a se stessi, potremmo dire che è essere testimoni a se stessi nel "qui e ora", ovvero nel posto dove siamo e nel momento presente.
Meditare si può fare ovunque, non è necessario essere sotto una campana di vetro e vi possono essere interferenze esterne con cui fare i conti, come ad esempio un colpo di clacson di una macchina che passa in strada.

Questa meditazione oltre a essere un esercizio di "grounding", cioè di radicamento nel qui e ora, è una terapia per smaltire i traumi accumulati. Essa consiste nell'essere presenti a ciò che c'è da sentire nel proprio corpo usando la propria capacità di percepirsi, il "felt sense". Il trauma è semplicemente un'energia in eccesso in uno dei due sistemi neurovegetativi, ovvero il parasimpatico o il simpatico, che non ha avuto modo di smaltirsi. In un tempo successivo questa energia in eccesso, come abbiamo già detto, o viene compensata con lo stress innalzando anche l'energia dell'altro sistema neurovegetativo, o porta a comportamenti di dipendenza che, in qualche modo, hanno una funzione regolatoria sul sistema neurovegetativo.

Questa meditazione, attraverso la percezione consapevole delle proprie sensazioni fisiche, dà al corpo spazio e tempo per digerire questi eccessi di energia, digerendo di conseguenza il trauma e trasformandolo in esperienza.

La differenza tra esperienza e trauma è semplicemente la capacità o meno di digerire, se preferite dire scaricare, l'energia che si viene a trovare in uno dei due sistemi neurovegetativi e che se non digerita in qualche modo interferisce col funzionamento corporeo.

Dare spazio e tempo per sentire il corpo dà la possibilità di digerire i traumi passati, ma non solo, perché attraverso questa meditazione è possibile educare il proprio corpo e cambiare il proprio modo di vivere in modo che si attraversino come esperienza determinati eventi senza trasformarli in trauma. Se si è capaci a "smaltire", o se preferite dire "scaricare", mano a mano una grande energia di uno dei due sistemi neurovegetativi si è, molto semplicemente, una persona dalla grande esperienza il cui sistema neurovegetativo ha l'elasticità che permette di contenere e poi di smaltire grandi energie. L'energia, a ben vedere, è qualcosa di positivo, il negativo è solo se si ingorga senza possibilità di essere digerita. Forse si può fare l'esempio di una centrale atomica il cui scopo è proprio di produrre energia, ma se la quantità di energia prodotta aumenta e di pari passo non aumenta la capacità della centrale di smaltirla, ovvero scaricarla, essa rischia di esplodere. Il problema apparentemente è la grande quantità di energia, la soluzione è saper scaricare anche grandi quantità di energia.

Questo modo di procedere nella meditazione necessita di apprendimento.

Le prime volte invito a fare questa meditazione

avendo davanti a sé almeno mezz'ora di tempo, poi regolatevi in base alla vostra esperienza.

Vi invito a chiudere gli occhi, ma se per voi tenere gli occhi chiusi è fonte di inquietudine, potete tenerli aperti fissando con lo sguardo vuoto un punto che non vi stimoli reazioni.
Propongo di mettersi comodi sulla sedia con le gambe non incrociate che scaricano il proprio peso su ambedue i piedi ben posati per terra, con le braccia in posizione comoda, rilassata, possibilmente non conserte, e con le mani posate o sui braccioli della sedia o sulle cosce.
Propongo di cominciare a sentire il proprio respiro, a percepirlo, senza tuttavia interferire con esso: il respiro sarà il testimone perennemente presente al sentire ciò che c'è da sentire nel proprio corpo. Per facilitare il sentire le sensazioni del proprio corpo, mentre si percepisce anche il proprio respiro, propongo di fare l'appello come fanno i maestri a scuola, dopodichè hanno presente tutta la classe e ogni singolo allievo, ovvero propongo di sentire una parte del corpo alla volta e, mano a mano, inglobare questa sensazione a quella che si ha delle altre parti del corpo già prese in considerazione.
Per cominciare vi invito a sentire il contatto dei piedi con il suolo restando sempre testimoni presenti alla propria respirazione. Sentire le dita dei piedi, la pianta del piede, il tallone, inglobare tutte queste sensazioni, sentire come tutto è appoggiato al suolo ben radicato e stabile come una radice che arriva fino al centro della terra, sempre restando presenti al proprio respiro. Poi, progressivamente e molto lentamente, propongo di sentire poco alla volta, inglobando nelle

sensazioni che ci arrivano da quelle parti del corpo già prese in considerazione, il dorso del piede, le caviglie, i polpacci, le ginocchia, le cosce e poi tutto l'insieme degli arti inferiori, e contemporaneamente sentire il proprio respiro. Mentre si sentono tutti gli arti inferiori, propongo di portare molto lentamente l'attenzione alle anche, al bacino, alle natiche e sentire come è il contatto con la sedia. Quindi cominciare a salire lungo la colonna vertebrale, sempre sentendo tutte le parti del corpo già prese in considerazione e sempre rimanendo presenti al proprio respiro. Il viaggio prosegue inglobando le ossa del cranio, il cervello, poi gli occhi, le guance, il tutto sempre sentendo il proprio respiro e le parti del corpo inglobate precedentemente. Molto lentamente si scende attraverso la bocca, la gola e si arriva a sentire la gabbia toracica, il cuore, sempre sentendo il proprio respiro e il resto del corpo. Poi si sentono i polmoni e invito a sentire l'aria che entra ed esce da essi, sempre presenti al resto del corpo. Invito a immaginare di non essere la causa attiva del respiro che porta l'aria dentro e fuori dai polmoni, ma immaginare che sia l'aria, che ingloba tutto il nostro pianeta, a entrare dentro i polmoni, dentro il proprio corpo, e a uscirne. Poi, molto lentamente, si sentono stomaco, visceri, genitali, sempre sentendo il proprio respiro e le parti del corpo inglobate precedentemente. Da qui si risale lungo la pelle della pancia e del torace a sentire la regione mammaria, le spalle, le braccia, gli avambracci, le mani anche là dove appoggiano le dita, sempre presenti al proprio respiro e al proprio corpo già visitato.
Ora invito a sentire la respirazione, tutto il corpo

e ogni sua parte singolarmente. Mentre si percepisce tutto ciò invito a focalizzarsi su quelle parti del corpo che si sentono particolarmente a loro agio e a enumerarle descrivendo anche la sensazione benefica che da esse si sprigiona.

Poi, rimanendo sempre presenti al proprio respiro, a tutto il corpo, a ogni singola sua parte e a quelle che sprigionano particolare sensazione di benessere, invito a focalizzarsi su quelle parti del corpo che non si sentono a loro agio, a enumerarle descrivendo la sensazione che da esse si sprigiona. Esse potrebbero essere o anestetizzate, per un eccessivo tono del sistema parasimpatico, o dolorose e contratte, per un eccessivo tono del sistema simpatico.

Mentre si sentono anche le parti a disagio e le sensazioni che da esse si sprigionano, senza respingerle e senza provocarle ma semplicemente essendo presenti a esse, invito a sentire tutto il resto del corpo, le parti a loro agio e, contemporaneamente come sempre, la propria respirazione. Si tratta molto semplicemente di "sentire" senza né modificare, né amplificare, né reprimere. È possibile che rimanendo presenti in questo modo alle sensazioni delle parti del corpo a disagio e pendolando tra queste sensazioni e quelle del corpo a proprio agio, le prime poco alla volta si modifichino. La sensazione di anestesia può poco alla volta cambiare dando luogo ad altre sensazioni ed è possibile che fluisca attraverso il resto del corpo, ad esempio sotto forma di brividi. La tensione è possibile che si modifichi fluendo nel corpo come burro che col calore si scioglie e cola lentamente ed è possibile che tale fluire nel corpo sia accompagnato da sensazioni, ad esempio di pizzicore o di pulsazione o di calore o di altro ancora. Solitamente le sensazioni di disagio del collo e della testa fluiscono verso le braccia, le mani, e quelle del torace e del ventre fluiscono verso le gambe e i piedi. È possibile che alle volte le tensioni restino tali, anzi aumentino progressivamente per poi progressivamente sciogliersi e diffondersi nel corpo, forse come calore, come peso che fluisce o quant'altro.

Mentre si pendola, ben presenti alle proprie sensazioni, fra le parti del corpo che si sentono a loro agio e quelle che si sentono a disagio e viceversa, l'invito è sempre quello di sentire il corpo nelle singole parti e in toto, presenti al proprio respiro. Il gioco è quello di seguire l'evolvere delle sensazioni e il loro procedere nel corpo, seguirle esattamente come un cane che col fiuto segue una traccia senza perderla mai.

Seguire passo a passo l'evoluzione della sensazione dedicando il tempo necessario, come diceva un mio vecchio maestro "senza né tirarla né spingerla", è quello che abbiamo detto "dare spazio e tempo alle sensazioni".

Vi accorgerete che seguendo le sensazioni, come un cane che segue la traccia, a un certo momento la sensazione di benessere del vostro corpo aumenta e inizia, poco alla volta, a instaurarsi una maggiore sensazione di pace caratterizzata da movimenti involontari come stiracchiarsi, sbadigliare, ridere.

Poi, poco alla volta, continuando sempre a sentire il proprio corpo e il proprio respiro, ponete attenzione alle sensazioni che arrivano anche dall'ambiente e a sentire come le sensazioni dell'ambiente fluiscano nel corpo o dove eventualmente incoccino. In questo secondo caso propongo di sentire l'eventuale sensazione, qualunque essa sia, mentre contemporaneamente si sente tutto il resto del corpo e il proprio respiro, e sentire come questa sensazione evolva per poi eventualmente fluire come pizzicore, calore o quant'altro.

Poi, rimanendo sempre in questa sensazione di fluidità, lentamente aprite gli occhi e rimanete un attimo in questa condizione come se vi foste risvegliati da un lungo sonno ricco di sensazioni. Invito a inglobare anche la sensazione della vista nelle altre sensazioni che arrivano dall'ambiente e nella sensazione di tutto il corpo e delle sue singole parti. Poi invito a guardarsi tranquillamente attorno con ampi movimenti degli occhi, da destra a sinistra e viceversa, come per seguire un qualcosa all'orizzonte che si muova ritmicamente fra i punti estremi del proprio campo visivo. Oltre a muovere ritmicamente gli occhi propongo di muovere ritmicamente e in modo alternato le gambe, battendo dolcemente i piedi per terra come se si stesse camminando. Proprio per simulare meglio le movenze di quando si cammina, propongo di muovere in modo ritmico il braccio opposto alla gamba che si sta muovendo. I movimenti degli occhi e il movimento alternato e incrociato di braccia e gambe hanno la caratteristica di migliorare l'integrazione dell'individuo e, di conseguenza, aiutarlo a digerire il trauma o a non trasformare l'evento in un trauma.

A questo punto invito a scuotersi, a sbadigliare, a stiracchiarsi, a toccare il proprio corpo, stropicciarsi come fanno i gatti e a concludere la meditazione.

Riconfrontarsi, arricchiti dall'esperienza meditativa, con il medesimo distacco

Propongo di riprendere il quaderno di lavoro su cui avevate annotato quel distacco che non era per voi troppo attivante, ovvero che non era stato per voi traumatico o, quanto meno, non vi appariva tale, e a leggerne solo la prima parte. Infatti per non essere ora influenzati dalle precedenti percezioni è importante non leggere quella seconda parte che avete scritto su ciò che, dopo il racconto del distacco, sentivate in voi.

L'idea è di riconfrontarsi col medesimo distacco e di raccontarlo nuovamente essendo però presenti, come nell'esperienza meditativa, al proprio respiro, al proprio corpo, alle proprie emozioni, ai propri pensieri, sentendo ciò che c'è da sentire e lasciando che l'eventuale anestesia o tensione o quant'altro fluisca, senza tirare né spingere. Tutto ciò per vedere se attraverso la meditazione qualcosa è cambiato nel proprio sistema percettivo.

- Per chi sta facendo questa esperienza in solitudine invito a ricordare il distacco, dopo averlo letto ad alta voce, e a raccontarselo, sempre ad alta voce. Nel fare ciò invito a essere presenti alle sensazioni del proprio corpo. innanzitutto mettetevi comodi con una buona posizione sulla sedia, le gambe non incrociate e i piedi ben appoggiati per terra. Questa posizione permette di sentirsi ben radicati e di avere quello che in inglese si chiama "grounding", avere radici. Invito anche a essere testimoni presenti della propria respirazione mentre si sente il proprio corpo e si permette all'eventuale anestesia o tensione o quant'altro di fluire.

Propongo di raccontarsi il distacco "goccia a goccia", come quando si fa cadere l'olio per fare la maionese, ovvero raccontarsi il distacco lentamente, in modo delicato, non tutto d'un botto, sentendo ciò che c'è da sentire nel fisico, nelle emozioni, nel pensiero e dandosi il tempo di "respirarci dentro". È come se stessimo digerendo qualcosa poco alla volta. In altre parole propongo di cercare l'autoregolazione del proprio sistema neurovegetativo mentre ci si racconta il distacco, lasciando che ciò che si sente nel corpo abbia il tempo di evolvere e di fluire.

Tutto ciò per tre o quattro minuti, per non distrarsi a guardare l'orologio può essere utile regolare una sveglia in precedenza.

Poi propongo di prendere qualche appunto su ciò che si è "sentito".

• Per chi sta facendo l'esperienza con un compagno o una compagna, propongo di riprendere contatto con l'altra persona. Ambedue, sia chi racconta sia chi ascolta, sono invitati a rispettarsi e a rispettare le condizioni ottimali di comunicazione, trovando la giusta posizione reciproca e la giusta distanza, ed eventualmente il contatto con gli occhi se desiderato e/o anche con una parte del corpo, come ad esempio la mano.

A turno ognuno racconta il distacco già preso in considerazione precedentemente, dopo aver riletto quanto annotato a questo riguardo sul proprio foglio, facendo attenzione, come già detto, a non leggere ciò che si era percepito nel precedente racconto del distacco per non esserne ora influenzati. Non soltanto chi racconta è invitato a lasciar cadere il racconto "goccia a goccia" essendo ben presente al proprio respiro e alle sensazioni del proprio corpo, ovvero a cercare l'autoregolazione del proprio sistema neurovegetativo, ma anche colui che ascolta è invitato a cercare la propria autoregolazione facendo eventualmente al compagno un cenno, ad esempio con la mano, di procedere più lentamente qualora si sentisse inondato dal racconto.

Tutto ciò per tre o quattro minuti.

Poi ognuno dei due, sia chi ha raccontato sia chi ha ascoltato, annota come è stato, durante il racconto, il proprio "felt sense", il proprio "sentire sentito" fisico, emozionale, psichico, ovvero pensieri, immagini, ecc..

Quindi ci si scambia di ruolo, sempre con le stesse modalità e sempre annotando il proprio "felt sense".

Ora ci troviamo ad avere le annotazioni relative a ciò che ognuno ha percepito come "sentire sentito" nel primo racconto del proprio distacco e a ciò che ognuno ha percepito come "sentire sentito" nel secondo racconto del medesimo distacco in cui però si è cercata l'autoregolazione del proprio sistema neurovegetativo.

Per chi lavora in coppia si avranno anche due annotazioni diverse relative al "sentire sentito" come ascoltatore del medesimo distacco raccontato dall'altro. Quindi si può fare il raffronto su come si è vissuto il primo e il secondo racconto del medesimo distacco e si possono notare le differenze.

Solitamente chi racconta ha la sensazione che la situazione sia più fluida nel secondo racconto, che la sofferenza anche fisica, come ad esempio gli spasmi, trovi più facilmente una via d'uscita e che si resti a fine racconto con un miglior "sapore in bocca". La sensazione è che si sia iniziata l'elaborazione del distacco e che molto probabilmente, continuando così altre volte, si arrivi a una condizione ancora migliore.

Chi si è trovato a fare l'ascoltatore, dopo l'esperienza in cui ambedue hanno ricercato l'autoregolazione, solitamente ha l'impressione di non essere più inondato dalle emozioni altrui, ma di avere, ricercando la propria autoregolazione e rispettandone i tempi e i modi, anche aiutato l'altro a ritrovare la propria.
Si passa dal percepirsi come ascoltatore passivo e impotente ad essere recettore attivo e di aiuto non solo per l'altro. Dico non solo per l'altro, perché in realtà chi ha ascoltato in questo modo recettivo può trarre frutto dall'esperienza dell'altra persona.

Se state vivendo questa esperienza in un gruppo di terapia, l'invito a questo punto è di condividere nell'ambio del gruppo ciò che c'è stato di saliente. Sarà compito poi del terapista gestire le dinamiche di gruppo.

Un film può essere d'aiuto:
"Viaggio in Inghilterra"

Gli antichi greci dicevano che le loro opere teatrali, chiamate "tragedie", avevano una funzione catartica. Aristotele nella sua estetica definisce catarsi la purificazione, il rasserenamento delle passioni prodotto dalla poesia e specialmente dalla tragedia.

In base a questo principio, se una persona ingrovigliata in emozioni e sentimenti che non riesce a gestire vede una tragedia che gli parla proprio di questi sentimenti dandone uno svolgimento e un esito, questa persona comincia, poco alla volta, a elaborare una propria soluzione sicuramente più vitale rispetto al groviglio in cui si trovava.

La funzione catartica, ovvero di purificazione e di rasserenamento, può essere relativa non solo alle antiche grandi tragedie greche di Eschilo, Sofocle, Euripide, ma anche a opere dell'attuale cinematografia. Molti potrebbero essere i film da citare, ma ora mi limito al solo film "Viaggio in Inghilterra" ("Shadowlands", UK 1993), particolarmente attinente al tema del trauma dei distacchi e dei lutti.

Questo film può essere visto non solo come un bel film con attori famosi, bravi e un'ottima regia, insomma come un bel prodotto di spettacolo per passare due ore di tempo, ma può avere anche un valore catartico, cioè di purificazione e di rasserenamento dell'animo dello spettatore relativamente al lutto e alla sua elaborazione. Perché di lutto e di elaborazione del lutto in questo film si parla, ma non spaventatevi perché il sapore che vi "resterà in bocca" sarà ottimo e paradossalmente, come viene definito nella presentazione cinematografica, è "il trionfo della vita".

Il film "Viaggio in Inghilterra" di Richard Attenborough, che vede come protagonisti Anthony Hopkins e Debra Winger, ha come soggetto un uomo già avanti negli anni che non ha attraversato il lutto per la morte della propria madre avvenuta quando lui aveva undici anni. Uomo di grande intelligenza vive una vita anestetizzata sentimentalmente e socialmente schiva. Il suo essere professore gli permette di avere rapporti in cui tiene sempre la situazione sotto controllo con intelligente sagacia, senza mai lasciarsi andare ai sentimenti e all'intimità. Il paradosso è che se il dolore per la morte della mamma sembra anestetizzato, i suoi undici anni sono però così costantemente presenti nella sua vita che il professore è diventato uno scrittore di fama mondiale di libri per ragazzi. Questo film è la biografia, un po' adattata per il grande schermo, dello scrittore C. S. Lewis, autore di molti libri fra cui il ciclo di romanzi per ragazzi "Le cronache di Narnia" di cui sono state realizzate versioni cinematografiche di successo. Un giorno al professore si presenta una donna statunitense in viaggio in Inghilterra col proprio figlio di circa undici anni, il quale teneva tanto a conoscere l'autore dei suoi libri preferiti. Fra il professore e la donna americana inizia un rapporto fatto di intelligenza e stima reciproca che, poco alla volta, dà spazio a un'amicizia così sincera e vera da essere senza pietà. Negli eventi della vita i due si sposano, apparentemente solo per amicizia in quanto la donna statunitense ha bisogno del matrimonio per avere la cittadinanza inglese, di cui nel frattempo necessita. In questo rapporto verità il professore finalmente si concede alla gioia, alla tenerezza e a lasciarsi andare ai propri sentimenti. E proprio qui i due si accompagnano nel lutto e nell'elaborazione del medesimo per la futura morte, annunciata nell'arco della vicenda, della donna americana. Nell'elaborare il lutto per la donna amata il professore elabora il lutto per la sua infanzia e per la morte della propria mamma e da adulto finalmente si concede le lacrime per tanto tempo represse. Il paradosso è che il lutto elaborato lascia una sensazione di dolcezza e di vita spesa bene.

Questo film, di fama mondiale, è facilmente reperibile in una qualunque videoteca ben fornita.

Voi, che state compiendo questo viaggio riguardo all'elaborazione del lutto, nel vedere il film, cosa che potete fare da soli o in compagnia, fate attenzione a facilitare, durante tutta la proiezione, l'autoregolazione del vostro sistema neurovegetativo. È importante avere una buona postura fisica sulla sedia o sulla poltrona, con la colonna vertebrale eretta e con i piedi ben appoggiati a terra che scarichino buona parte del peso delle gambe. È importante essere presenti al proprio respiro e lasciare tutto lo spazio necessario per sentire il proprio corpo, le proprie emozioni, i propri pensieri senza "né tirarli, né spingerli": essere semplicemente presenti a ciò che c'è da sentire "respirandoci dentro" lasciando tutto fluire.

Vi invito a porre particolare attenzione a come il protagonista racconta e vive il dolore proprio e del proprio padre per la morte della madre, non voglio dirvi di più perché penso sia buona cosa che voi lo vediate con occhi vergini. Il film presenta il lutto e la sua elaborazione nel loro divenire fino alla totale accettazione che è in sintonia con la gioia e "il trionfo della vita".

Situazioni, scene e parole del film sono, potremmo dire, da manuale di psicoterapia e permettono a ognuno di percepire ove per lui vi sia la maggiore difficoltà e di "respirarci dentro" cercando l'autoregolazione del proprio sistema neurovegetativo. Così facendo, poco alla volta, per ognuno sarà più facile attraversare ciò che in passato è stato difficile da attraversare, ovvero digerire poco alla volta il trauma e trasformarlo in esperienza.

Se questo film lo state vedendo con il compagno/a con cui avete già condiviso l'esperienza del racconto del distacco, cercate di essere presenti a voi stessi e anche l'uno all'altro, trovando eventualmente un contatto tra voi, fisico o di pure sensazioni come ad esempio sentirne il respiro, sempre attenti però alla propria autoregolazione in modo da facilitare, attraverso la propria, anche l'autoregolazione del proprio compagno/a.

Dopo la visione di questo film passate un po' di tempo a condividere col compagno/a sensazioni, emozioni, immagini, pensieri e quant'altro sia emerso, rimanendo sempre presenti nel "qui e ora" a quanto sentite in voi.

Se state vivendo questa esperienza in un gruppo di terapia, l'invito a questo punto è di condividere nell'ambio del gruppo ciò che c'è stato di saliente. Sarà compito poi del terapista gestire le dinamiche di gruppo.

Non soltanto nel vedere questo film, ma ogni volta che assisterete a una proiezione cinematografica potrete essere attenti all'autoregolazione del vostro sistema neurovegetativo e molte potranno essere le occasioni di "catarsi" nella vostra vita.

L'emozione della tristezza

La parola emozione deriva dal latino e-muovere. Il prefisso "e" nella lingua latina definisce un movimento che va da dentro verso fuori, ad esempio il fiume "e"missario di un lago è quello che porta l'acqua del lago da dentro a fuori, così pure la parola "e"ducazione sta a indicare quell'arte che aiuta le facoltà e le qualità già insite nell'individuo a svilupparsi e affinarsi.
"E"mozione è far uscire ciò che si sente all'interno di sé, accompagnandolo con attività neurovegetative e motorie. In tal modo ciò che si è sentito poco alla volta può essere messo a distanza e trasformato in esperienza.

Secondo l'antico sapere vi sono quattro emozioni fondamentali: la tristezza, la paura, la collera, la gioia. L'antica medicina tradizionale cinese aggiungeva una quinta emozione che potremmo identificare nell'autoimmagine: l'immagine con cui ognuno di noi vive se stesso nel mondo.

La vita umana, per non essere una pura vita vegetale, è fatta anche di emozioni. Un'emozione viene percepita, espressa, potremmo dire attraversata e solo allora diventa parte dell'esperienza lasciando l'individuo pronto a nuove emozioni.

Per far fuoriuscire come emozione ciò che si sente

dentro di sé, bisogna prima averla sentita, percepita e riconosciuta, cosa che non è possibile se si è anestetizzati. Di anestesia abbiamo già parlato, avviene a seguito di un trauma, ovvero di un evento in cui il sistema neurovegetativo è andato al di là della sua capacità di autoregolazione. C'è bisogno, in questo caso, di ricominciare a sentire, poco alla volta a piccoli passi, ciò che c'è da sentire nel corpo, nell'emozione e nella mente e lasciarlo poco alla volta fluire, sempre presenti al proprio respiro. È come se ci fosse qualcosa di congelato dentro che ha bisogno di accoglienza, tempo e spazio per sciogliersi ed essere percepito.

Un'emozione percepita può poi essere espressa, attraversata e diventare esperienza, ma se vi è un blocco, o nella percezione o nella espressione o in ambedue, l'emozione non può essere attraversata. Infatti non si può esprimere un'emozione non percepita e anche non si può esprimere un'emozione percepita se vi è un divieto a esprimerla dato da situazioni ambientali o anche soggettive. Un'emozione non percepita, di conseguenza non espressa, o percepita correttamente ma non espressa, non può essere attraversata e un'emozione non attraversata non è messa a distanza e, di conseguenza, la si porta con sé.

Tristezza e lutto

L'elaborazione del lutto, che permette di trasformare il distacco in esperienza, avviene se si attraversa l'emozione della tristezza. Secondo l'antica medicina tradizionale cinese la tristezza avrebbe una fase yin, percettiva, ovvero in cui ci si accorge di essere tristi, connessa con la funzione respiratoria, con l'organo dei polmoni e della pelle, e una fase yang, espressiva, in cui l'emozione della tristezza viene espressa e poco alla volta viene messa a distanza da sé, ovvero non si è più identificati in essa. Questa fase yang è connessa con la funzione escretiva, con l'organo del grosso intestino, il colon. Anche Freud diceva che non vi è nulla di più triste di uno stitico.

Se si ha difficoltà ad attraversare un'emozione, quale ad esempio la tristezza, essa di volta in volta tende ad accumularsi e col tempo porta ad avere quello che nell'espressione popolare viene detto "un vaso troppo pieno per il quale basta una goccia per farlo traboccare". Non voler vedere né esprimere tristezza dà inizialmente la falsa illusione di non avere tristezze nella vita, ma poi, a un certo punto, basta una sola goccia di tristezza in più per far traboccare il vaso.

Una tristezza non attraversata può indurre a ritornare sui propri passi.

Vivere la tristezza, sentirla ed esprimerla quando essa è la conseguenza di un'azione sotto la nostra responsabilità, permette non solo di attraversare la tristezza, ma anche di arrivare al pentimento. Pensate all'omicida: se oltre al rimorso per l'atto compiuto e la dovuta espiazione vi è una sincera tristezza sentita ed espressa, è per lui possibile pentirsi, ovvero cambiare il proprio proposito di vita in modo tale da non commettere più il fatto. Se invece l'omicida non si concede alla tristezza è probabile che si verifichi quanto viene detto dal proverbio "l'omicida torna sempre sul luogo del delitto", ovvero la tristezza non attraversata porta a ritornare sui propri passi.

Tristezze non attraversate possono essere relative anche a fatti che hanno un aspetto continuativo nel tempo e non puntiforme. Ad esempio un bambino, poi ragazzo, che ha patito molto la scuola, se non ha attraversato la tristezza, ovvero se non ha elaborato il lutto di un'infanzia e un'adolescenza non vissute appieno e in modo soddisfacente, è molto probabile che da adulto torni, e non solo col pensiero, alla scuola che tanto ha patito: fra tanti lavori che può svolgere è probabile che, non casualmente, "si trovi" a fare l'insegnante. Uso la parola "trovarsi" perché è quasi come se fosse un obbligo, una scelta non sua, un qualcosa che si trova a dover fare quasi senza volerlo in un rapporto di amore-odio. Mi era capitato in un gruppo di terapia un uomo già avanti negli anni che in ogni condivisione ci parlava di quando andava a scuola come studente e di quanto avesse patito. Alla mia domanda «Ora cosa fa di lavoro?» rispose evasivamente «Sono in pensione», «E prima?», «Ho fatto l'insegnante per una vita, anche se a metà del percorso per un anno ho cercato di fare altro».

Eventi di distacco o di cambiamento di stato possono comportare di per sé più emozioni.

L'ultimo giorno di scuola della quinta elementare, ad esempio, può avere come emozione la gioia di aver finito la scuola ed essere stati promossi e la paura del mondo sconosciuto della scuola media. Sicuramente però l'ultimo giorno di scuola della quinta elementare ha in sé la tristezza di non vedere più nel medesimo contesto compagni e maestri, di aver chiuso l'epoca dell'infanzia. Soltanto attraversando questa tristezza di distacco è possibile mettere tutta l'energia, senza nostalgie, nella nuova epoca della vita.

Una tristezza non espressa, anche se le altre emozioni vengono espresse e attraversate, resta in fondo al cuore e in modo sottile interferisce con la vita. Ad esempio madri che hanno molto desiderato un figlio e che hanno gioito alla nascita alle volte sono afflitte dalla depressione post partum. Oltre a cause ormonali ed esistenziali specifiche, questa depressione può essere connessa con il distacco dal figlio, con il cambiamento di stato, il non essere più un tutt'uno. Anche questo è un lutto da elaborare, una tristezza da attraversare che necessita di essere percepita ed espressa.

Vivere il presente nella pienezza delle emozioni

Vivere il presente in modo pieno e percepire ed esprimere tutte le emozioni, quella di paura, collera, gioia, rende più facile attraversare anche l'emozione della tristezza. In psicoterapia viene detto di "chiudere le Gestalt", ovvero "non lasciare Gestalt aperte", cioè situazioni in cui non sia percepita, espressa e attraversata l'emozione. È difficile staccarsi da una situazione se vi sono ancora dei sospesi.

Attraversare la tristezza, ovvero elaborare il lutto, ad esempio dell'ultimo giorno di scuola di quinta elementare, non è possibile se a questo riguardo vi sono ancora Gestalt aperte particolarmente attivanti a livello emozionale. Un'eventuale collera non espressa ma ancora presente, riguardo a ingiustizie che si pensa di aver patito da compagni o insegnanti, non permette di attraversare la tristezza e di elaborare il lutto per la fine della scuola, perché in realtà non si vuole chiudere quella storia, forse si vorrebbe ancora giustizia e, perché no, rivincita.

Secondo gli psicoterapeuti della Gestalt le emozioni vanno sentite ed espresse e così rendono liberi, se non espresse si imprimono dentro e legano.
Non dimentichiamo che la parola "carattere" originariamente significava "inciso nella pietra" ed era il modo, molto faticoso, che si usava per stampare carta, pergamena e quant'altro. Poi Gutenberg inventò

i così detti caratteri mobili che portarono alla moderna stampa e l'evento fu di una tale importanza che, anche per questo motivo, tale periodo della storia è considerato l'inizio dell'Evo moderno.

Insomma emozioni non sentite o non espresse si imprimono dentro modificando il carattere e legano l'individuo. Paradossalmente ciò che è sentito ed espresso libera, ciò che non è sentito o non è espresso o è espresso male, lega.

Chiudere le Gestalt incompiute per voltar pagina

Emozioni relative al passato non sentite dal soggetto, perché anestetizzato, o non espresse lasciano Gestalt aperte.

La parola Gestalt in tedesco letteralmente significa "forma". Forme aperte, non concluse, per dirla secondo i latini "non perfette" (da per-factum = fatto fino in fondo), non possono dall'individuo essere archiviate e dimenticate poco alla volta. È cosa risaputa: quando si arriva a una certa età tra tutti gli esami dati ci si ricorda di quelli andati male, quelli andati bene poco alla volta finiscono nel dimenticatoio. Così pure se di un serial avete visto tutte le puntate tendete tranquillamente a dimenticarlo, perché completo e archiviato, se vi manca l'ultima puntata tendete a ricordarlo finché non la vedete o qualcuno ve la racconta, dopodichè lo archiviate e lentamente lo dimenticate.

Le Gestalt incompiute sono fortemente attivanti e restano sempre presenti dando quello che è chiamato il "fenomeno Zeigarnik", dal nome della studiosa russa che si dedicò al loro studio.

Per staccarsi da una situazione ed elaborarne il lutto è necessario riprendere le Gestalt aperte e concluderle.

La collera. Sentire ed esprimere l'emozione della collera, proprio quella collera che non era stata sentita o espressa allora, permette di concludere la Gestalt e di voltar pagina. Questo non vuol dire che necessariamente si debba rivedere la persona con cui ad esempio si era in collera, perché in realtà la scarica emozionale può avvenire anche su un oggetto rappresentativo della persona, come un cuscino a cui si dice e si fa tutto quello che "è rimasto nel gozzo".

La paura. La Gestalt incompiuta può riguardare anche l'emozione della paura non sentita o non espressa. L'esempio classico di paura non sentita e non percepita è quella del passeggero che dorme in auto mentre avviene un incidente stradale e si risveglia direttamente in ospedale. Esempio di paura non espressa è non essere fuggiti di fronte a un pericolo percepito, come davanti a un cane che sta per mordere.
Percepire la paura per eventi passati ed esprimere movimenti per mettersi al sicuro possono aiutare a chiudere Gestalt rimaste aperte in passato.

La gioia. Potrà apparire incredibile, ma molte volte ci si impedisce di percepire ed esprimere l'emozione della gioia. Questo capita ad esempio nei rapporti affettivi in cui, a volte, solo a posteriori ci si accorge di quanto si era felici. Una gioia non percepita, o se percepita non espressa, è pur sempre una Gestalt aperta. Ci si rende conto di quanta importanza abbiano, per poter chiudere simili Gestalt, gli atti di affetto e riconoscenza filiale anche verso genitori già scomparsi da tempo.

Grazie di fronte alla vita

Anche un grazie non detto è una Gestalt aperta.

Il grazie ci permette di riconoscere l'eredità ricevuta e di accettarla. Senza grazie si è nell'orgoglio di voler credere di essersi fatti da soli e un grazie che non si vuole dire, di fronte al dono della vita ricevuto, è come volersi credere il creatore della propria vita.
Non volersi sentire in debito di un "grazie" di fronte al dono della vita è non riconoscere e non accettare un'eredità che arriva da ben lontano: la vita stessa. Un'eredità non accettata, come anche il dono della vita, non può essere fatta propria, difficilmente può essere usata e, paradossalmente, con ancor maggior difficoltà si possono accettare i cambiamenti in essa intercorrenti che a prima vista erroneamente sembrerebbe più facile accettare.

Ai fini dell'accettazione del dono della vita propongo una meditazione di Bert Hellinger:

> Mettetevi seduti con i piedi ben posati a terra e le gambe non incrociate, la schiena eretta, le braccia non conserte con le mani appoggiate sulle cosce. Chiudete gli occhi, ma se stare con gli occhi chiusi vi dà ansia potete anche tenerli aperti fissando con sguardo vuoto un punto davanti a voi. Percepite il vostro respiro, ma senza interferire volontariamente con esso.

Rilassatevi senza pensare a nulla in particolare, presenti alle sensazioni del vostro corpo.

Ora immaginate di avere di fronte a voi vostro padre e vostra madre, l'uno vicino all'altra, il papà leggermente alla vostra sinistra e la mamma leggermente alla vostra destra.

Immaginate di guardare vostra madre e ditele ad alta voce:

«Grazie mamma del dono della vita.

C'è un posto nel mio cuore per te.

Ti chiedo di benedirmi.»

Detto questo lentamente fate un inchino.

Poi tornate con la colonna vertebrale in posizione eretta e, dopo qualche attimo, spostate lo sguardo leggermente sulla vostra sinistra immaginando di guardare vostro padre e ditegli ad alta voce:

«Grazie papà del dono della vita.

C'è un posto nel mio cuore per te.

Ti chiedo di benedirmi.»

Detto questo fate per qualche attimo un inchino a vostro padre.

Sentite il vostro respiro e sentite il vostro corpo, le vostre emozioni, i vostri pensieri continuando a immaginare di guardare i vostri genitori.

Poi immaginate di voltarvi lentamente fino a volgere loro le spalle e di appoggiarvi a essi: con la spalla destra a papà e con la spalla sinistra a mamma. Sentite l'energia che vi arriva dai vostri genitori.

Immaginate che i vostri genitori a loro volta si appoggino ai loro genitori, ovvero ai vostri nonni, e che i nonni si appoggino ai loro genitori, ovvero ai vostri bisnonni, e così via. Dietro di voi c'è una folla immensa su cui vi appoggiate e davanti a voi c'è la vita verso cui volgete lo sguardo. E sentite il vostro corpo, le vostre

emozioni, i vostri pensieri.
Poi lentamente aprite gli occhi, scuotetevi, guardatevi attorno, sempre rimanendo seduti sulla vostra sedia.

La vita è un'eredità, un dono che arriva a noi. Se non accettiamo questo dono con animo grato diventa difficile vivere la vita e anche i cambiamenti, ovvero i distacchi, che essa comporta.
Il grazie del dono della vita permette di accettarla e di usarla al meglio, attraversando anche i distacchi in essa inevitabili.

Il grazie del dono della vita va detto non soltanto per la nascita, ma anche per quei momenti in cui si è stati a rischio di perdere la vita stessa la quale, come dono, è invece continuata. Anche in questo secondo caso il grazie permette di accettare la vita e viverla.

Vivere i legami affettivi pienamente

Anche i legami affettivi, se non vissuti pienamente, possono essere considerati Gestalt che, rimaste aperte, legano impedendo il fluire armonioso della vita. Come Gestalt aperte anche i legami affettivi vanno ripresi e vissuti fino in fondo, anche se la persona implicata nel legame affettivo non è più presente.

Una volta in un corso sull'elaborazione del lutto, riservato a infermieri professionali, durante la meditazione sul "grazie per il dono della vita" mi accorsi che una delle presenti aprì improvvisamente gli occhi quando fu il momento di dire alla madre «Ti ringrazio del dono della vita» e poi rimase con atteggiamento nervoso durante tutta la meditazione. Mi disse poi che nel dire alla madre "ti ringrazio" le era uscita una collera incredibile. Le risposi che era una buona cosa che finalmente si rendesse conto di essere in collera con la propria madre, perché così avrebbe anche potuto capire per cosa era in collera e, percependo ed esprimendo la collera anche con un oggetto simbolico al posto della madre, avrebbe potuto chiarificare poco alla volta il proprio rapporto con la propria madre.

Alle volte si è in presenza di un'infanzia mal vissuta, la qual cosa può tradursi in una collera nei riguardi della vita e di uno o ambedue i genitori reputati responsabili di quanto capitato nell'infanzia. Per poter elaborare il lutto dell'infanzia, diventare adulti, accettare il dono della vita, può essere necessario rielaborare il rapporto con i propri genitori.

Un buon legame con i propri genitori in un'infanzia ben vissuta dà più possibilità di crescere e diventare adulti e, incredibilmente, di elaborare il lutto dell'infanzia quando essa finisce. Un'infanzia mal vissuta tende a trattenere in uno stato infantile e non permette l'elaborazione del lutto dell'infanzia.

Il legame affettivo non è solo quello fra genitori, figli, fratelli e amici, ma anche quello fra coniugi. E un legame affettivo vissuto e realizzato fino in fondo aiuta a crescere e a essere persone libere.

È stato pubblicato negli anni '70 uno scritto di Sigmund Freud che analizzava il secondo matrimonio del Presidente degli Stati Uniti Wilson. Questo saggio è stato pubblicato molti decenni dopo la morte dell'autore, perché per rispetto della privacy e per buon gusto si è atteso che tutte le persone coinvolte non fossero più in vita. Freud, in questo scritto, ipotizza che la facilità con cui Wilson, rimasto vedovo, si risposò era da attribuire all'ottima riuscita della relazione nel suo primo matrimonio che aveva dato a entrambi i coniugi il massimo potenziale di crescita e di libertà.

Non per nulla si dice che "ciò che è detto libera, il non detto lega" e che "l'odio lega più dell'amore".

Non a caso il best-sellers del noto psichiatra tedesco Guntard Weber nell'edizione francese è intitolato "I legami che liberano".

I distacchi dalle persone care e dalla precedente immagine del sé

Distaccarsi per sempre da una persona cara è sperimentare la tristezza in tutta la sua magnitudo. È triste il solo pensiero che essa non sia più tra noi, ma il lutto riguarda anche il nostro cambiamento, ciò che non possiamo più essere. Ernest Hemingway scrisse "Per chi suona la campana", essa suona anche per quella parte di me che muore con la morte della persona cara, suona per esempio per il mio essere figlio nel momento in cui muore mio padre.

Sono da considerare lutti importanti da elaborare non soltanto la dipartita delle persone care, ma anche cambiamenti che riguardano unicamente il proprio stato e che abbiano un carattere definitivo, come ad esempio quelli relativi alla salute, all'età, alle condizioni economiche o lavorative.
È elaborare un lutto distaccarsi da un'immagine di sé che non può più essere.
È un distacco da elaborare, un lutto, anche l'andare in pensione. Molti sognano a occhi aperti il giorno in cui finalmente saranno in pensione, immaginando di fare tutto ciò che non sono riusciti a fare prima e ciò grazie al tempo libero di cui potranno disporre: è l'aspetto positivo della vita da pensionati. Ciò non toglie però che vi sia anche un cambiamento, un distacco rispetto al ruolo e agli impegni della vita lavorativa, il che può essere un lutto di non poco conto.

Le fasi dell'elaborazione del lutto

Distacchi importanti, come quello da una persona cara anche se il legame affettivo è stato vissuto appieno o da condizioni esistenziali definitivamente tramontate relative alla salute, ai soldi o al lavoro, necessitano di tempo.
Rifacendosi agli studi della psichiatra Elisabeth Kubler-Ross (Zurigo 1926 - Scottsdale, Arizona, 2004) vengono identificate solitamente cinque fasi nell'elaborazione del lutto. Il modello presentato dalla dott.ssa Kubler-Ross negli anni '70 consiste appunto di cinque fasi e non stadi, in quanto alle volte possono ripetersi nell'arco del tempo con varia intensità e non necessariamente nell'ordine sequenziale in cui abitualmente si presentano.

1° - La negazione.
Riguardo alla morte di una persona cara si continua a ripetere: «Non è vero, non è possibile». Si vuole credere che è stato un brutto sogno, che non è vero che hanno telefonato dicendo che è morto. Si resta attoniti come se un gong fosse risuonato fortissimo troppo vicino a noi. Ci si aspetta di svegliarsi da un momento all'altro dall'incubo.
Così pure riguardo ai propri cambiamenti, ad esempio relativi alla salute, il primo pensiero è: «Si sono sbagliati con gli esami, mi hanno dato quelli di un altro, non sono io che ho il tumore».

2° - La rabbia e/o la paura.

Quando proprio ci si rende conto di come è andata, ovvero che il proprio caro è deceduto o che veramente si ha il tumore, subentra una collera, una rabbia generalizzata contro quella che si percepisce come un'ingiustizia cosmica. Frasi ricorrenti sono del tipo «Perché con tanti disgraziati che ci sono al mondo proprio mio padre è stato portato via?», «Perché capita proprio a me il tumore, che non me lo merito?».

La rabbia è sovente frammista alla paura e può essere un modo per mascherarla.

3° - La rinegoziazione.

La rinegoziazione consiste nel comportarsi, potremmo dire, proprio da "bravo bambino". Il bravo bambino si aspetta che capiti una magia, che qualcosa cambi, non sa neanche bene come e quando, ma il bravo bambino "deve essere assolutamente premiato". Ci si comporta da bravi bambini perché si aspetta il premio, non perché si abbia voglia o si sia deciso di fare la cosa di per sé. È fare, ad esempio, tutte le cose che si sa che avrebbero fatto piacere al defunto e con questo comportamento inconsciamente aspettarsi una magia. È un comportamento che si basa su quelli che venivano chiamati i "fioretti", che possono essere compiuti non solo nei riguardi di persone scomparse, ma anche nei riguardi dei propri stati di salute. È, ad esempio, fare sacrifici che non hanno un valore per cambiare il proprio stato di salute, ma che hanno un valore di impegno, di espiazione, come se questi potessero magicamente cambiare il decorso degli eventi.

La fase della rabbia e quello della rinegoziazione possono, in alcuni casi, essere invertiti come ordine.

4° - La rassegnazione.

È caratterizzata dal collasso, da una sottomissione

passiva agli eventi, il tutto vissuto in uno stato depressivo.

5° - L'accettazione.

Attraversate le precedenti fasi si arriva all'accettazione in cui la dolcezza di quanto è stato e il distacco da esso si mescolano nella ricchezza della vita vissuta. Si potrebbe dire che l'accettazione è come una resa attiva che apre nuovi orizzonti, a differenza di una rassegnazione passiva che toglie energia.

«A nessuno accade nulla che egli non sia incline per natura a sopportare»
Marco Aurelio (121 – 180 d.C.)

Vivere è rischioso. Anche una grande gioia può dar luogo alla tristezza quando ci si distacca da essa. La tentazione sarebbe di non avere gioie per ridurre anche questo rischio, il che equivale a non vivere e a portarsi addosso la ferita di una vita non vissuta.
Come disse lo scrittore Ferdinando Pessoa: «Porto addosso tutte le ferite delle battaglie che ho evitato e le ferite delle battaglie evitate non guariscono mai».

Il lutto anche se terribile e senza pietà è pur tuttavia elaborabile e dopo resta la dolcezza di una vita spesa bene.
A questo riguardo un'antica storia orientale racconta di un saggio che aveva un figlio amatissimo. Un giorno il figlio muore e di fronte allo stupore degli altri, relativo alla serenità con cui il saggio attraversava il lutto, il saggio rispose: «L'attuale tristezza è piccolo prezzo in confronto alla grande felicità dell'aver avuto per tanti anni mio figlio con me».

Accompagnare
nell'elaborazione del lutto

Le condoglianze esprimono la propria disposizione a condividere il lutto altrui.

Letteralmente la parola è composta da "con" e da "doglianza", ovvero dolore. Esprimere le condoglianze è mettersi nelle condizioni di essere presenti, di accogliere e di accompagnare l'altrui emozione di tristezza.

È possibile accompagnare qualcuno nell'attraversare un'emozione solo se si è in grado di attraversarla personalmente. Altrimenti, per il fenomeno della risonanza, si rischia l'amplificazione col risultato di stare ambedue peggio di prima.

Accompagnare qualcuno nell'attraversare la tristezza, nell'elaborare il lutto, è seguire passo dopo passo quanto esposto fino a ora. Sia per chi vive il lutto in prima persona, sia per chi lo accompagna è buona cosa essere presenti al proprio "felt sense", ovvero sentire ciò che c'è da sentire nel corpo, nelle emozioni e nella mente, dando a ogni sensazione tempo e spazio, lasciando le eventuali tensioni sciogliersi e scaricarsi.

Accompagnare qualcuno nel lutto vuol dire restare presente senza rischiare di fare da spugna, vuol dire fare all'altro da contenitore per emozioni e vissuto aiutando ogni cosa a cadere goccia a goccia, ovvero titolando, come si lascia cadere goccia a goccia l'olio quando si fa la maionese.

Accompagnare qualcuno nel lutto vuole anche dire aiutarlo a chiudere le eventuali Gestalt rimaste aperte, accogliendone le eventuali espressioni emozionali senza però sponsorizzarle.

Riguardo a come le Gestalt aperte possono interferire con l'attraversamento del lutto, ricordo una conferenza del collega medico e psicoterapeuta Glauco Smadelli dove raccontò la seguente storia chiedendosi quali potrebbero essere ipoteticamente le reazioni di ognuno di noi trovandosi al posto del protagonista:

> State guidando con grande prudenza a 35 km all'ora in una strada cittadina ove è divieto superare i 50 km.. L'auto è nuova, perfetta, i freni controllati, avete la cintura di sicurezza, siete sobri e siete attenti alla guida. All'improvviso un passante, forse per suicidarsi, si butta sotto la vostra automobile. Voi frenate e fate tutto il possibile per evitarlo, ma la rapidità del gesto del passante è tale che lo investite. Scendete immediatamente dalla macchina per prestare soccorso e vi rendete immediatamente conto che quell'uomo è morto.
> A questo punto si aprono due ipotesi.
> La prima ipotesi è che l'uomo sia per voi uno sconosciuto. In questo caso è probabile che la vostra reazione sia di essere molto affranti e tristi.
> La seconda ipotesi è che scendendo vediate il corpo inanimato di quell'uomo che 10 anni fa ebbe una relazione con vostra moglie, approfittando del fatto di essere un suo collega di ufficio. Costui non solo ebbe rapporti intimi

con lei, ma espresse con comportamenti e parole un atteggiamento di disprezzo nei vostri riguardi. Quando l'avevate saputo vi eravate recato nel suo ufficio per dirgli tutto ciò che pensavate di lui, ma proprio quella settimana tale soggetto era stato trasferito in una sede all'estero dall'altra parte del globo e non ne avevate più saputo nulla.

Ora lo vedete a terra, morto.

Qual è la vostra reazione?

È molto probabile che abbiate emozioni confuse e contraddittorie di tristezza, di rivalsa e anche un indefinito senso di colpa. L'emozione di tristezza è logica di fronte a una morte, ma è anche possibile che abbiate un'emozione di rivalsa per quello che il morto vi aveva fatto da vivo. Questa emozione di rivalsa, che sottende una collera non espressa, è molto probabile che si accompagni con un'indefinita sensazione di colpa, perché nel pensiero magico del bambino, e tutti in fondo siamo un po' bambini, pensiamo che tutte le "gobbe" mandategli possano in qualche modo averne facilitato la morte.

Una Gestalt incompiuta relativa alla collera alimenta solitamente un senso di colpa quando avviene la morte di colui contro cui siamo in collera. L'esempio fatto è puramente ipotetico, ma nella realtà possono esservi Gestalt rimaste incompiute relative alla collera nei riguardi di amici e di persone della famiglia. Qualora una di queste persone morisse, è possibile che l'emozione di tristezza sia frammista a un senso di colpa che aleggia in modo indefinibile e che è difficile da allontanare se non si risolve la Gestalt incompiuta.

Sentirsi in colpa per la morte di una persona molto vicina è un onere molto faticoso da portare e una delle modalità, se non si chiude la Gestalt della collera, è quella di caricare di tutte le colpe qualcun altro. A volte il risultato può essere di prendersela con Dio, con l'umanità in genere, con chi ha curato la persona vicina, o di essere insaziabili di giustizia, ovvero di cercare vendetta anche quando non vi sono veramente responsabilità terze per la morte della persona cara con cui si aveva un rapporto conflittuale. Il perpetuarsi di quella vendetta di generazione in generazione, al di là della giustizia della società in cui si vive, è solitamente caratteristica di strutture famigliari in cui vi siano Gestalt di collere incompiute e soffocate, ad esempio, da una struttura estremamente autoritaria. Al contrario membri di famiglie pervase dal senso della pietà e dell'amore arrivano al perdono di chi, scontata la pena commisurata dalla giustizia, sia stato responsabile della morte del loro caro.

Accompagnare una persona nell'elaborazione del lutto non è sponsorizzare la voglia di vendetta dell'individuo, pur accogliendola, ma è aiutarlo a elaborare la Gestalt di collera rimasta incompiuta verso la persona scomparsa.

Accompagnare qualcuno nell'elaborazione del lutto è accoglierlo con le sue emozioni, comprenderlo, senza imporgli credenze personali o suggestioni. Si può essere un ottimo accompagnatore nel lutto anche se si hanno credenze diverse, ad esempio un diverso credo religioso, rispetto alla persona che si accompagna.

Accompagnare qualcuno vuol dire accoglierne emozioni e vissuto, evitando in ogni caso di minimizzare, ad esempio dicendo «Ma cosa vuoi che sia, c'è di peggio», o di razionalizzare dicendo «Era tanto vecchio, soffriva tanto».

Accompagnare qualcuno nell'elaborare il lutto è

offrirgli un vuoto in cui potersi espandere, ma con la sicurezza di essere ben contenuto e di essere aiutato con la risonanza a scaricare poco alla volta l'eventuale ipertono del sistema simpatico o di quello parasimpatico.

CONNETTERSI CON LA VITA

Il desiderio più grande di ogni essere umano è quello di sentirsi vivo, di riconoscere il proprio originario e sempre presente "slancio vitale". Tutti noi abbiamo un movimento spontaneo verso quella che il Dr Laurence Heller chiama "connection", ovvero il sentirci parte integrante del mondo, un movimento spontaneo verso la salute e la vitalità. Così come le piante spontaneamente crescono verso la luce.

In seguito a traumi molto precoci la "connessione" con questo nucleo originario è stata messa in forse e per sopravvivere abbiamo sviluppato, scusate il gioco di parole, precoci strategie di sopravvivenza. Con il tempo e il ripetersi di traumi, anche se fra loro diversi, che mettono in pericolo il nostro sentirci parte integrante del mondo, queste strategie di sopravvivenza sono diventate sempre più anacronistiche, inadatte alla vita presente. Sono stati modi per salvaguardare la nostra sopravvivenza che ci hanno permesso di far fronte a difficoltà altrimenti insuperabili.

Per citare il Dr Laurence Heller, queste strategie di sopravvivenza sono diventate dei veri e propri "stili di sopravvivenza", ripetitivi. Tuttavia il nostro presente non è più il nostro passato, anche se il nostro modo di sopravvivere è quello che si è strutturato nel tempo, non più corrispondente alle condizioni in cui siamo ora. Per sopravvivere, queste strategie furono la nostra risorsa e solo riconoscendo questo loro valore possiamo vederle con occhio compassionevole e grato invece che negativo e autocolpevolizzante.

Giudicare negativamente il nostro "stile di sopravvivenza", ovvero giudicare negativamente come noi abbiamo fatto per sopravvivere, conduce paradossalmente a rinforzare il nostro "stile di sopravvivenza", a renderlo assoluto e a chiuderci sempre più strettamente in esso.

Al contrario, vederlo come una modalità creativa connessa con il nostro slancio vitale, una risorsa preziosa che ci ha permesso di sopravvivere a traumi altrimenti disvitali, ci permette di vederlo con occhio compassionevole e grato, di relativizzarlo e quindi di guardare al di là di esso.

Con Dario Voltolini, scrittore e pubblicista, ho scritto a quattro mani sulle vicende e i casi della vita. Sono vicende intense, di gioia e di dolore, come è la vita. Vi sono risate fragorose, spensierate gite, ed anche impegnative esperienze esistenziali come eventi di salute e la morte dei genitori.

Il tutto è raccontato con sguardo affettuoso e non giudicante pervaso da un umorismo che non risiede nel modo di scrivere, bensì più originariamente proprio nel modo con cui abbiamo guardato alla vita.

Ne è scaturita la storia di un viaggio, "Da costa a costa. Cronistoria di un viaggio per mare", che è piaciuta molto ai nostri lettori proprio per questo sguardo fresco e affettuoso, per questo umorismo che rende più facile prendere la vita per il verso giusto.

Affidiamo al lettore alcune pagine tratte da "Da costa a costa" pensando che possano essere in sinergia con quanto detto finora sull'elaborazione del distacco.

Domenica

L e D sono incollati al fumaiolo, che è il punto più alto di tutta la nave, in assetto d'emergenza, giubbotto indossato, fischietto, torcia elettrica e per L anche stampella. Tutti i ponti scoperti sono pieni di gente. Ottavia Piccolo dalla terraferma, parlando loro con il telefonino, anche se non farebbe bisogno perché L ha una voce metallica facilmente portata dalla brezza, chiede "Ma perché siete gli unici col giubbotto salvagente?". I due si sentono come due bambini beccati con le mani nella marmellata. "Ma semplice, siamo appena usciti dall'esercitazione di emergenza".

Facciamo un passo indietro per capire cosa ha portato i nostri eroi a essere incollati al fumaiolo in questo viaggio per mare dal porto di Venezia a quello di Livorno, da costa a costa, da quella adriatica a quella tirrenica.

Flash back

L una notte, soffrendo d'insonnia, si mise a navigare con l'iPad, cosa da non fare se non si è disposti a conoscere l'ignoto. L'iPad è uno strumento strano, incredibile, vuoi vedere una cosa e te ne esce un'altra, come nelle favole in cui, per intervento della bacchetta magica della fata, compare qualcosa dopo uno scintillio. Proprio così, sull'iPad, dopo uno scintillio, d'improvviso, non si sa perché, gli comparve l'offerta delle crociere, a prezzi scontatissimi. Con meno di quattrocento euro era possibile farsi otto giorni, sette notti, da costa a costa, da quella adriatica nientepopodimeno che a quella tirrenica, migliaia di miglia marine, proprio come Ulisse. Incuriosito, L andò sul sito dell'armatore e scoprì essere la nave una struttura di lusso, prevista per soddisfare ogni bisogno, dal gluten free alla palestra, a cui L teneva molto per via di un problema a una gamba di risoluzione impegnativa. La moglie di L, santa donna, in quel periodo doveva lavorare e non poteva assentarsi, per di più patisce il mal di mare, ed entusiasta disse a L "Sicuramente ti farà un sacco di bene, ti divagherà e sarà un ottimo modo per te di leccarti le ferite. Perché non vai con D? Anche a lui farebbe bene".

D è in psicoterapia da L già da un certo tempo e il cammino che hanno compiuto assieme è stato molto, quanto a interesse ed evoluzione.

D ha le sue ferite da leccare.

D è un giovane cinquantatreenne brizzolato e con poca o tanta pancetta, dipende dalle circostanze. Il suo aspetto, e non solo, si trasforma in conseguenza del contesto in cui lui si trova, uno specchio che restituisce alle persone la propria vera aspettativa, santo quando si aspettano un santo, ubriacone quando si aspettano un ubriacone, eccetera.

A ben osservarlo sarebbe per ognuno motivo di evoluzione, perché attraverso la sublime arte del suo camaleontismo rende manifesta a ciascuno l'aspettativa che fino ad allora costui teneva nascosta a se stesso. L'impegno nell'immedesimazione è tale che occorre un certo tempo a D per uscire da un contesto a tu per tu ed entrare in un altro, ma si sa, anche i grandi psicanalisti hanno bisogno di una pausa fra una seduta e l'altra. Per il nostro uomo l'impegno diventa grande fatica quando la situazione è creata da più persone contemporaneamente, con profili esistenziali diversi per non dire addirittura in conflitto fra loro, fra i quali D rischia di essere preso in mezzo. Qui D si trasforma nientepopodimeno che in un giocatore di scacchi superlativo che saltella da una scacchiera all'altra combattendo in parallelo fino a venticinque partite a scacchi. I risultati però non sono sempre eccezionali soprattutto sul versante della vita privata e inoltre D in mezzo a tutta questa fatica si domanda dove sia la sua vita.

In tutto questo potremmo dire che D è gentile, di bell'aspetto e anche di belle speranze. D'altronde perché non sperare cose belle? Avete già conosciuto qualcuno che spera di fallire, star male, essere senza amici, ecc. ecc.? Come quello di ognuno di noi, il suo comportamento però non necessariamente è perfettamente consono alla realizzazione di queste speranze speranzose, ma anche questo è assolutamente normale.

D ha un problema con latte e latticini di mucca. Se li mangia emette un odore di topo morto in particolare dalla bocca che, come solitamente capita, la persona stessa non avverte, quindi neanche lui. D, inizialmente, invece di risolvere il problema non mangiando più i latticini incriminati, un inizialmente durato anni, l'aveva risolto, apparentemente in modo astuto, circondandosi di persone anosmiche, ovvero completamente prive del senso dell'olfatto, in modo tale che nessuno gli dicesse niente.

Finalmente D ha capito l'importanza per lui della nutrizione e ha smesso di mangiare latticini di mucca. Ci ha impiegato il suo tempo per arrivare a tanto, sì perché alle volte arrivava a casa e mangiava ciò che trovava nel frigorifero in cui vi erano le cose più strampalate, latticini compresi, roba da domandarsi chi avesse fatto la spesa. "Ma avete un cameriere dell'Uzbekistan che non sa l'italiano?". "No, perché?". "Ma chi fa la spesa in casa tua?". "Io, perché?". Il tempo è stato necessario perché la parte di D che non voleva mangiare i latticini comunicasse alla parte di D che andava a fare la spesa di non comprarli più, laonde il frigo non ne fosse pieno. Ma si sa, i problemi di comunicazione richiedono il loro tempo per essere risolti.

Ora è assolutamente ferreo nell'astenersi da latte e lattoderivati vaccini, e fin qui tutto bene. Il problema è che negli ultimi tempi, poco alla volta, in modo crescente, ha cominciato ad avere un alito al cui confronto quello causato dal formaggio faceva i ridere i polli. Come è logico per ognuno di noi non sentire il proprio odore, neanche lui lo sente. L gli ha consigliato di andare dall'igienista dentaria, cosa che D ha fatto, ma senza risultato. Allora L ha cominciato a insistere affinché D eseguisse una gastroscopia. La risposta fu per lungo periodo sempre la stessa, ferma e decisa, "Certo, domani la faccio". Fino a che L, dovendo sottoporsi lui stesso a una gastroscopia, disse a D "Mia moglie domani è impegnata, vuoi accompagnarmi tu?". D, che è di animo gentile e accondiscendente, rispose subito di sì. L allora gli disse che andando tutti e due era bene che ognuno fosse provvisto di un'impegnativa per gastroscopia. Forse D si domandò perché dovesse portarla anche lui, ma comunque provvide in tal senso. Arrivati là firmarono ambedue il proprio consenso informato. L fece la gastroscopia che non passò proprio liscia liscia in gola e a sentire lui stava per morire soffocato e poi il chirurgo si rivolse a D dicendo "E ora tocca a lei". D, deglutendo rumorosamente, come se inghiottisse un grande rospo, assentì. L commentò "Toh, guarda, non c'è stato nemmeno bisogno di saltargli addosso in quattro per fargliela fare, 'sta gastroscopia".

D tremebondo si sdraiò sul lettino con gli occhi sgranati che gli uscivano dalle orbite, forse si ricordò quando, bambino, lo operarono di tonsille, aprì tanto tanto la bocca come un ippopotamo e deglutì molto molto, così lo strumento andò giù bene bene, non come a L.

Sorpresa! Riscontrarono la presenza dell'esofago di Barrett, cosa che è classificata come precancerosi. Poi, essendo stato anche grande fumatore, avendo cattivo odore anche dal respiro, L gli consigliò una TAC spirale toracica da una radiologa di grande fama in città. Per fortuna non fu riscontrato nulla di tumorale, ma, sul lato destro della trachea, dei linfonodi reattivi di quindici millimetri sì. Reattivi a che cosa? Non aveva fatto né bronchiti né polmoniti e così prese sempre più consistenza l'ipotesi che avesse la SIBO, ovvero batteri che dalle parti più recondite dell'intestino si stavano sparpagliando su per l'addome, l'esofago, fino a far reagire anche quei linfonodi vicini alla trachea.

Bella cura antibiotica e non puzzava più. Però era stanco, fisicamente e moralmente, aveva lanciato segnali di richiesta di aiuto, ad esempio per riuscire ad allarmare per il suo stato di salute una persona che conosceva da trent'anni ricorse a strategie estreme: pensate, addirittura non andare a una partita di calcio a cui l'altro l'aveva invitato. Per cui l'aria stimolante del mare aperto, un po' di nutrizione sana e di palestra abbinata alle cure mediche, sia chimiche che naturali, che stava compiendo a 360 gradi, nonché di un break dal suo intrico di impegni umani in competizione tra loro, sarebbero stati sicuramente cosa opportuna e un aiuto per ricontattare, almeno momentaneamente, il proprio slancio vitale.

Fu così che L e D, passando casualmente dall'agenzia di viaggi, si trovarono iscritti alla crociera in una cabina vista mare. Si sa, le strade del destino sono infinite. D a questo punto scrive una e-mail all'armatore per convincerlo che la seconda cosa in ordine di gravità che può accadere dopo un naufragio è dare da mangiare glutine a un gluten free. In realtà i nostri due eroi si accorgeranno che l'attenzione al gluten free è perfetta e totale sulla nave e non c'è proprio bisogno per L di preoccuparsi per questo. Anche la moglie di L, santa donna, prima della partenza era molto preoccupata per il gluten free del marito e di come avrebbe potuto fare isolato sulla nave per gestirsi un'eventuale emergenza glutine, non essendovi la possibilità come ovunque altrove di andarsi a comprare, per male che vada, una scatoletta di sardine al negozietto di fronte. Lei infatti ben sa come in situazioni non chiare a questo riguardo il marito giustamente parta con una serie di domande per capire se può fidarsi di mangiare un determinato alimento. Ad esempio, il riso è gluten free, ma non vi è pericolo che sia stato girato con lo stesso cucchiaio con cui sono stati girati gli spaghetti, alimento pieno di glutine? Basta infatti questo a contaminare anche il riso. In caso di dubbio le domande di L sono molte e progressivamente sempre più circostanziate per arrivare al punto, definire se vi è il rischio di contaminazione di glutine, inframmezzate dalla lagnanza preventiva dei mali che gli capiterebbero in caso di contaminazione, che potrebbero essere delle vere e proprie emergenze sanitarie.

Scherzosamente, e non solo per questo motivo, la moglie dice che L è il nuovo rappresentante per l'umanità dell'Homo Sapiens Lagnosus. Il discorso diventa antropologico e per capirlo bisogna addentrarsi un attimo nella paleoantropologia, ovvero nello studio dell'origine dell'Homo Sapiens Sapiens. In un periodo molto lontano nel tempo, compreso fra duecentomila e trentamila anni fa, la Terra era abitata dall'uomo di Neanderthal. È chiamato Neanderthal perché i primi ritrovamenti di ossa furono nella valle di Neander, in Germania, nell'agosto del 1856. Tale uomo camminava in posizione eretta ed aveva le arcate sopracciliari molto sporgenti, cosa utile per riparare gli occhi dai colpi e anche dalla luce, zigomi piccoli, un accentuato prognatismo con il mento un po' sfuggente. La fronte era bassa, ma il cranio molto allungato e, parbleu!, un volume cerebrale di 1500 centimetri cubi, ovvero il 10% superiore al nostro. Viene da domandarsi cosa se ne facesse di tutto quel cervello, forse lo usava per pensare, per generare pensieri allo stato puro che, proprio perché erano allo stato puro, non lasciarono riscontro materiale per cui non gli fu data dagli studiosi la dignità di Homo Sapiens, che venne subito riconosciuta invece al Cro-Magnon, da cui noi stessi discendiamo e che ha il 10% in meno di volume cerebrale. Il Cro-Magnon è molto più recente, forse è comparso intorno a quarantamila anni fa, infatti abbiamo reperti, quali ad esempio quelli scoperti dal geologo francese Louis Lartet, che sono datati a oltre 30.000 anni fa.

Neanderthal, che pare non avesse la caratteristica di volersi espandere come il Cro-Magnon, infatti i suoi reperti si limitano al solo mondo antico, e Cro-Magnon convissero per un certo periodo assieme, dopodiché il Neanderthal scomparve in un tempo relativamente breve, enigma su cui ancora oggi il mondo scientifico si interroga. Fu esodato perché non sapeva usare il computer? No, perché all'epoca i computer non esistevano. Poi gli studiosi, a ben guardare, si accorsero che il Neanderthal usava già il fuoco, attrezzi, aveva già sepolture rituali. Alcuni studiosi, allora, bontà loro, decisero di dargli il titolo di Sapiens, per cui il Cro-Magnon, per distinguerlo da esso, divenne Sapiens Sapiens. Noi siamo tutti discendenti dal Cro-Magnon, per cui siamo tutti Sapiens Sapiens.

L, secondo la di lui moglie, santa donna, sarebbe una successiva evoluzione dell'Homo Sapiens Sapiens diventato così Homo Sapiens Lagnosus. E siccome vi sono oggi teorie, che stanno progredendo nel loro credito, secondo le quali la nutrizione potrebbe addirittura interferire con il DNA, mangiare glutine, per L, che viene già classificato dalla di lui moglie in Homo Sapiens Lagnosus, non potrebbe fargli rischiare una modificazione del DNA e farlo diventare Homo Lagnosus Lagnosus? La moglie di L è molto preoccupata che l'ingestione anche casuale della benché minima traccia di glutine possa rischiare di indurre una modificazione del DNA di L.

D, essendo un letterato di chiara fama, dà dignità alla lagnanza e dice che è un genere letterario di tutto riguardo, e per fare ciò invoca nientepopodimeno che l'epoca rinascimentale, con la riscoperta della Poetica di Aristotele in edizione originale, nonché l'epoca romantica con l'Estetica di Hegel. Se possiamo distinguere i generi letterari in teatro, poesia e prosa e quest'ultima in novel, in italiano "romanzo", romance, saggi, cronache, biografie, eccetera, la lagnanza è qualcosa che addirittura tutto comprende, potendo essere teatralizzata, oppure anche declamata in versi, o semplicemente raccontata.

Ma torniamo alle ferite da leccare di L di cui parlava la moglie. L è convinto che ogni cosa che capita nella vita possa essere, ed è bene che come tale sia vissuta, motivo di crescita e di esperienza e che proprio ogni cosa, soprattutto quelle il cui prezzo esistenziale è stato molto salato, apra nuove prospettive da cui guardare il mondo, ma per arrivare a vederle alle volte bisogna proprio mettercela tutta.

A questo riguardo vi è la storia di quel cinese che aveva un cavallo e un figlio. Un giorno il cavallo scappò e tutti i vicini vennero a compiangere il cinese.

"Povelino, tuo unico cavallo, che sfoltuna!". "Non sapele, potele essele sfoltuna o potele essele foltuna." Due giorni dopo il cavallo tornò a casa con una cavalla brada. E tutti i vicini "Che foltuna, adesso tu avele due cavalli." "Non sapele, potele essele foltuna o potele essele sfoltuna." Il figlio domando la cavalla cadde e si ruppe una gamba. "Che sfoltuna, tuo unico figlio maschio gamba lotta". "Non sapele, potele essele sfoltuna o potele essele foltuna." I messi dell'Imperatore giunti nel villaggio portarono via tutti i giovani atti alle armi per una di quelle guerre che duravano secoli, tutti tranne il giovane con la gamba rotta. E la storia continua e continua e continua...

Sarà un caso, ma L ha proprio una storia con una gamba.
Tempo fa, mentre era in vacanza al mare, una sera, tornando da una cena con amici, in un angolo buio inciampò in un gradino di pietra e cadde sbucciandosi la gamba sinistra proprio sulla tibia. Più che una ferita era un'escoriazione, niente di che, solo che il luogo dove cadde era molto polveroso e un po' maleodorante. Arrivato in camera si accorse di non avere disinfettante e l'ora era tale che anche il suo amico farmacista era chiuso, per cui si lavò con acqua e sapone e andò a dormire. L'indomani tranquillamente fece il bagno in mare e poi si apprestò per partire e tornare a casa essendo finite le vacanze. Nella notte si svegliò come da un incubo dicendo "La gamba si sta infettando!" e astutamente cominciò subito una terapia antibiotica.
Nonostante questo, l'escoriazione si trasformò in ferita la quale sembrava non avere nessuna intenzione di guarire. Andò a farsi vedere nell'ospedale di chirurgia plastica e qui cominciarono a grattare la ferita, medicarla, a cospargerla con una polverina due volte ogni settimana. Il tutto andava avanti già da un mese

e mezzo senza ombra di miglioramento quando vi fu una svolta grazie a un pranzo.

In Italia tutti hanno un MMG, forse anche il Presidente della Repubblica, ma cos'è un MMG? Una macchina sportiva inglese old style? Un noleggio di apparecchiature multimediali? Oppure è acronimo di Medium Machine Gun, ovvero mitragliatrice media? Nulla di tutto ciò, ma molto meglio: MMG sta per Medico di Medicina Generale, il medico che ti assiste e si prende cura di te in ogni difficoltà della vita, il medico di base di libera scelta, ovvero che ogni italiano ha scelto liberamente. La libera scelta avviene per ognuno secondo le proprie modalità di scegliere: chi lo fa per una precisa valutazione, chi perché glielo ha detto la moglie, o la mamma, o un altro parente, o un amico, chi l'ha scelto casualmente in una lista, ecc...
Comunque, ogni italiano ha un medico di base da lui liberamente scelto, a cui è molto affezionato, con la propria modalità di affezionarsi e di esprimerla e che ascolta con la capacità di ascolto di cui è capace. La qualità dell'ascolto conferisce qualità alla risposta, questo lo sapevano già anche gli antichi quando andavano ad ascoltare l'oracolo.

Il pranzo di L era con il proprio medico di base, una calda amicizia li unisce e appena ambedue possono si vedono a pranzo. L'amico in questione è più che una buona forchetta, non è grasso e ci si domanda come faccia a rimanere tale con quello che mangia e sembra non rendersi conto della fortuna che ha. Una volta ad esempio in presenza di un altro collega che, anima in pena, era a dieta furibonda per calare dai 130 chili a cui era arrivato, l'amico di L stava mangiando tranquillamente una bella focaccia farcita di abbondante pancetta che goduriosamente succhiava quando essa, a ogni morso della focaccia, si sfilacciava in lunghe volute e non si rese conto che il poveretto, a dieta draconiana, vedendolo rischiava letteralmente di affogare nel deglutire l'acquolina che aveva in bocca.

Per L è sempre un piacere mangiare con l'amico. Fra un boccone e l'altro, negli amabili conversari, L a un certo punto chiese seriamente all'amico cosa gli consigliava come medico per la gamba e qui l'amico fu investito del suo ruolo di medico nei riguardi di L. L'investitura, anche questo lo sapevano già gli antichi, è cosa molto importante e mette la persona nel pieno potere facendo sì che le sue parole possano essere ispirate da qualcosa che trascende l'umana comprensione. Qui l'amico, fattosi serio, disse "Io farei una bella cura, a pieno dosaggio, di iniezioni di antibiotico...". Per correttezza non diciamo come si chiama tale antibiotico, ma dopo di esso come potenza terapeutica nel fare piazza pulita dei batteri vi è solo la bomba atomica. L lo fece e la ferita in due settimane si richiuse.

Due mesi a pensare alla ferita, poi L ebbe due settimane tranquillo in cui fece anche qualche bagno al mare e poi nuovamente un problema alla gamba.

L aveva preso l'abitudine di frequentare le fiere del libro, inizialmente per un libro di cui era autore. Le fiere del libro sono un mondo incredibile per chi non l'abbia mai visto e che va ben oltre l'immaginario. C'è chi, infatti, pensando ai libri si immagina una bella biblioteca anglosassone di mogano tirato a lucido con un vago odore di carta e in cui si teme di fare troppo rumore se si prendono appunti con una matita dalla mina troppo dura. C'è chi si ricorda le lotte corroboranti, nella biblioteca scolastica, che fanno crescere l'amore per i libri, in cui ci si trovava sempre in due a contendersi lo stesso libro di Salgari, unico in mezzo a una pletora di manuali noiosissimi, fino a che, non riuscendo ad averlo in prestito perché l'altro di turno era più forte, oppure avendolo dopo acerrima lotta, ma non potendoselo godere per il senso del dovere di rimetterlo in palio, ce lo si faceva regalare per Natale. C'è chi si ricorda l'atmosfera di calda intimità nel leggere libri al mare sotto l'ombrellone o in montagna sotto a un pino. Bene, L aveva tutti questi immaginari e molti altri ancora quando, per la prima volta, aprì la porta della fiera del libro. Qualunque sia la fiera del libro in questione, viene da capire l'espressione dantesca "Lasciate ogni speranza, voi ch'entrate", perché la descrizione è quella di una bolgia, di quale girone? non si sa. Una quantità incredibile di persone vociferanti che si muovono in tutte le direzioni, pile di libri già così pericolose da sole, figurarsi in zona sismica, già, come faranno alla fiera del libro in Giappone? Che dilemma! Disporranno tutti i libri per terra piatti piatti camminandoci poi sopra? Oppure saranno delle pile di libri vacui, ove i libri sono incollati l'un l'altro, come nel passaggio dal muro a secco dei nuraghi al muro in cui le pietre sono attaccate l'una all'altra con il cemento? La prima volta che L aprì quella porta fu colto da sgomento e si sentì letteralmente affogare, soffocare lì in mezzo.

D, che invece è un letterato di chiara fama il cui coinvolgimento personale è auspicato dall'organizzatore di ogni fiera, interrogato a questo riguardo da L, disse di avere una reazione, di fronte a cotanti milioni di libri esposti, puramente fisica: gli gonfiano le mani fino a fargli male e a non poter piegare le dita. Come mai tale reazione fisica? Forse è quella di un sano lavoratore: un lavoratore di fronte a cotanto lavoro sente le mani gonfiarsi, d'altronde i libri si scrivono con le mani e non con i piedi. D è molto empatico e si sente le mani come quelle di un lavapiatti che abbia appena finito di lavare tre carri ferroviari pieni di piatti sporchi.

L, però, a ben osservare, come quando dal vedere il formicaio nel suo insieme passate a osservare ogni singola formica, si accorse che anche quella bolgia pullulava di vita. Ad esempio, all'incrocio di due corridoi fra gli stand, corridoi in cui contemporaneamente transitavano e si scontravano producendo gorghi fiumi di persone, una volta vi era seduta su una piccola seggiolina, proprio sullo spigolo di queste due fiumane, una donna vestita in modo inconsueto che teneva in braccio un altoparlante di karaoke, perché se no qualche elefante di passaggio si sarebbe inciampato rompendoglielo, e cantava nenie simil orientali. Si era portata il tutto da casa sua e si era ivi seduta, o faceva parte di uno stand, di un evento organizzato?

Un'altra cosa degna di nota, che però richiede una grande attenzione per essere notata, è che l'ambiente pullula di conferenze in contemporanea. Per accorgersene bisogna usare il sensorio visivo e non quello acustico perché la rumorosità di fondo dell'ambiente è tale che ogni persona sana di mente tende a chiudere l'audio nella propria testa. All'interno di molti stand vi sono persone assise, dallo sguardo allocchito che guardano nella stessa direzione: una persona in piedi che si agita con il microfono in mano. Poi, girando bene la testa di qua e di là, come fanno gli asini con le orecchie, si riesce forse a captare una qualche parola dell'oratore, il quale cerca, con volume amplificato a circa 3,5 milioni di decibel, di sovrastare il rumore di sottofondo della sala, la cui intensità esce dalla capacità di valutazione dei sismografi conosciuti. È qui che si capisce il perché dello sguardo apparentemente allocchito: è il tentativo della lettura labiale, cosa che ben si addice a una fiera del libro che deve privilegiare la lettura.
Alcuni stand, quelli che hanno una marcia in più

rispetto agli altri, hanno cercato di riparare la propria virtuale sala conferenze con delle specie di paraventi per fare barriera al rumore, il quale non colpisce più in maniera diretta, ma, come un'ondata, sopravvalica la diga schiantandosi sui sottostanti. Inframmezzate vi sono vendite di panini, piadine e hot dog in cui forse potete scegliere se ketchup o mostarda o se avvolgerli in un sonetto del Petrarca o in una pagina strappata da Kerouac. Per non parlare poi dei vernissage organizzati dalle case editrici, in cui l'elemento fondamentale sono le gomitate date e ricevute per avvicinarsi al buffet per poi, letteralmente, a spizzichi e bocconi sbriciolare di salatini i libri parlandosi addosso l'un l'altro.

In tutto questo bailamme quello che più divertì L fu la parte dedicata alla musica. Già ben sapeva che oggi la maggior parte dei pianoforti e degli organi sono elettronici e non emettono alcun rumore se non collegati a un altoparlante. Già ben sapeva dell'esistenza del Theremin, il più antico strumento musicale elettronico inventato nel 1919 dal fisico sovietico Termen, che produrrebbe musica, dalla voce umana al violino, senza toccarlo, per il semplice movimento delle mani, in senso verticale per l'altezza del suono e in senso laterale per l'intensità. Però anche questo strumento, senza altoparlante, è afono. Ma che esistesse anche una batteria elettronica, questo L proprio non lo sapeva. Vedere uno tutto sudato, con le cuffie alle orecchie, estasiato e assordato dalla musica che produce, che sta pestando furiosamente sulla batteria il rock più spaccatimpani che esista senza emettere alcun suono, questo fu proprio per L di ilarità totale. Non perde occasione a ogni fiera del libro per pestare anche lui sulla batteria elettronica il rock più scatenato, senza produrre il benché minimo rumore all'esterno di sé e della batteria, e si immagina un'intera orchestra con tanto di cantanti che interpretano a tutto fiato l'Aida, "Se quel guerrier io fossi", a pieno volume nel più totale silenzio. Forse i pesci rossi fanno così. Simpatici i pesci rossi, meriterebbero maggior osservazione e studio da parte di L.

L aveva trovato un last minute molto conveniente per la Buchmesse, ovvero la fiera del libro di Francoforte, dove era già stato altre volte, e lì sì che lo spettacolo vale la pena, basti pensare che è così grande che vi sono addirittura degli autobus per girare al suo interno.

Nel fare questo viaggio commise un errore: non ascoltare il consiglio della moglie, santa donna. Le mogli sono specializzate nel dare consigli ai mariti, i quali, non si sa perché, forse per bastiancontrarismo, tendono a non seguirli, per poi accorgersi, ahinoi poveri mariti, quando è troppo tardi, che avevano ragione, le mogli, non loro.

La moglie di L aveva commerciato per anni in scarpe, già il lavoro del di lei babbo, ed è nativa di un paesino su un cucuzzolo delle Marche, Monte San Giusto, ove tutti facevano scarpe. L, nello scorso millennio, era colà andato in visita con lei: è un ridente paese in splendida posizione con tanto di palazzo rinascimentale e bellissima pala di Lorenzo Lotto sull'altar maggiore della chiesa di Santa Maria in Telusiano. Gli abitanti sono molto ospitali e la loro cucina è proverbiale, assolutamente dietetica, salamelle, vincisgrassi, zuppa inglese rinforzata con l'alkermes, eccetera, idonea a mantenere un peso forma d'eccezione. L, che è piuttosto in carne, colà apparve a tutti "sciupatello" e non gli sembrò vero di adeguarsi subito ai nuovi standard mangiando e bevendo a più non posso.

All'epoca la vita nel paese era ancora secondo

tradizione, al mattino tutte le strade risuonavano di un "tic tic" dei martellini che piantavano i chiodini sulle pelli per dar forma alle tomaie delle scarpe, a mezzogiorno si udiva solo lo "sgnam sgnam" del pranzo, poi un piccolo "ronf ronf" della siesta e poi nuovamente il "tic tic" fino a sera. E insomma, tutto avrebbe fatto pensare che nel DNA della moglie di L uno dei geni fosse ad alta risonanza scarpocreativo, d'altronde è risaputo che le scarpe più belle sono create in Italia.

Ebbene, nonostante tutte queste premesse, L ebbe la leggerezza di dire "Ah, sì, sì, hai ragione" e poi continuare come prima senza ascoltarla. Il consiglio in questione riguardava le scarpe di L.

L si era comprato un paio di scarpe che sono concepite non solo per aumentare il consumo energetico, non di benzina ma di calorie di che le calza, ma anche per stimolare una sana ginnastica delle gambe e della muscolatura lombare. Sono scarpe che hanno un equilibrio instabile, il che incrementa, per rimanere bilanciato in piedi, il movimento muscolare.

Per intenderci, sono quelle scarpe che tutti abbiamo visto anche nelle pubblicità televisive, la cui suola, dalla punta del piede al tallone, non è dritta, ma assomiglia un po' a una mezzaluna, a quella parte delle sedie a dondolo che tocca il terreno. Indubbiamente esse possono essere di utilità in casa o in ufficio, per rendere un po' più ginnici i pochi passi che si compiono nella vita quotidiana. Sono espressamente sconsigliate per camminare in montagna o in luoghi impervi, su terreni rotti, ove si richiede tutto l'equilibrio possibile e non una scarpa già di per sé dall'equilibrio instabile.

Giustamente la moglie di L gli aveva sconsigliato di partire in viaggio con tali scarpe, perché notoriamente un viaggio può presentare imprevisti, quali ad esempio un terreno fortemente sconnesso, anche in una grande città moderna, e oltre al resto "in questo viaggio camminerai già tanto, non è il caso di stancarsi ulteriormente".

L, dopo aver risposto "Sì sì, hai ragione", tutto trullo partì per Francoforte indossando quelle scarpe.

Alla Buchmesse si ubriacò di libri e poi, uscito, passò a trovare un amico terapista a Liegi in Belgio. Già, perché Francoforte e Liegi, per via dell'alta velocità, sono a poco più di un tiro di schioppo.

Qui si inciampò e cadde.

Cosa che capita anche a cavalli di classe i quali non per nulla molte volte preventivamente hanno le caviglie fasciate. Solo che L non aveva le caviglie fasciate, per cui si storse la caviglia destra, si fratturò in malo modo la caviglia e la gamba sinistra e volò a testa in giù, come un tuffatore dal trampolino. Ebbe però la prontezza di riflessi di girare la faccia, per cui questa non si danneggiò. Il dolore a sinistra riempì tutta la capacità percettiva di dolore di L fino a debordare in altre sensazioni, quali una nausea che da lì cominciò a invadere tutto il corpo.

L si girò a guardare e vide il proprio piede con la suola che guardava verso i suoi occhi e pensò "Mio Dio, mi si è staccato il piede, meglio che lo prenda e lo metta in tasca prima che un cane me lo porti via, così in ospedale me lo faccio rincollare". Cominciò a tirare con la mano il piede, ma si accorse che era ancora attaccato alla gamba. A una gentile signora di passaggio, che si era chinata a chiedere come stesse, disse "Male grazie, chiami subito un'ambulanza per piacere".

Il luogo era molto affollato, perché in quella stagione a Liegi vi è una specie di fiera popolare con tanto di banchetti e giostre, e in men che non si dica un servizio d'ordine di poliziotti fece cordone intorno a L per proteggerlo dalla folla di passanti aspettando che arrivasse l'ambulanza. Questa arrivò e uno degli ambulanzieri, nonostante le proteste di L, volle tentare di rimettere il piede dritto, producendo in lui un dolore innominabile.

Arrivato in ospedale L fu raggiunto dall'amico avvertito telefonicamente. Alla radiografia la cosa si rivelò essere più grave del previsto, perché non solo si era rotto il malleolo interno, ma si era strappato anche il legamento che unisce la tibia al perone vicino alla caviglia e fra le due ossa si vedeva un bello spazio, come fra le foglie di un carciofo troppo aperto. Appena al di sopra del legamento strappato, il perone era spezzato come un grissino. Oltre al resto, il piede era completamente fuori sede. Imbottirono L di morfina per poter rimettere la caviglia a posto e coraggiosamente l'amico di L tradusse, anche per L, l'impulso che ambedue sentivano: se la diede a gambe.
Due medici molto robusti provarono a tirare il piede di L, ma il fatto è che insieme al piede veniva anche L. Allora legarono ben bene L al letto chirurgico in modo che ciò non capitasse più, poi si misero a tirare il piede con tutte le loro forze sudando le sette proverbiali camicie e puntando i loro piedi sul letto perché non si spostasse anche quello.
Anche L sudava.
Alla fine il piede arrivò più o meno al suo posto, però bisognava mettere qualche vitina e una placca per tenere i malleoli in sede e un paio di belle viti per riavvicinare tibia e perone, ma questo l'avrebbe visto l'ortopedico il giorno dopo. E continuarono a riempire L di morfina, come un bigné farcito alla crema. Il fatto è che L il giorno dopo stava malissimo, la pancia la poteva usare come tamburo ma non di quelli elettronici, prudeva come uno scimpanzè pieno di pulci

e si era riempito di macchie. Semplice: era allergico alla morfina.

Qui dobbiamo interrompere un attimo il racconto della cronistoria che L sta facendo, per dare a D, che è molto empatico, il tempo di grattarsi un po', perché per il momento non ha più mani né dita da dedicare alla tastiera del computer.

Conclusione, fu sospesa la morfina e L fu visto dall'ortopedico. Nel frattempo l'amico di L aveva pensato che forse sarebbe stato meglio per L andare in una clinica di grande fama e non rimanere nell'ospedale di quartiere. Per cui L nel pomeriggio fu trasferito in ambulanza in una clinica in cui, non si sa perché, non era prevista l'emergenza glutine. Mangiare era l'ultima delle preoccupazioni di L, perché si può sempre sopravvivere a banane come fanno le scimmie, ma il glutine può essere presente non solo negli alimenti, ma anche negli eccipienti di un sacco di medicinali che si assumono per bocca, mentre invece ne sono esenti tutti quelli somministrati per via iniettiva. L dovette fare una bella fatica per spiegare che voleva solo terapia iniettiva, perché era meglio non rischiare quella per bocca se non si era sicuri che negli eccipienti non fosse contenuto glutine. Ci mancava solo quello!

Il mercoledì, dal sabato in cui era avvenuto l'incidente, fu operato.
Per anestesia non gli fu fatta evidentemente la morfina, ma ciononostante l'anestesia proprio bene bene non andò. Al suo risveglio L vide l'anestesista piuttosto teso, a L parve decisamente spaventato.
L'anestesista disse a L che mentre era sotto anestesia durante l'intervento ebbe numerose apnee, di cui due di tale entità da domandarsi se avrebbe mai ripreso a

respirare e che era per L, a scanso di sorprese a venire, veramente importante fare un controllo delle apnee notturne.

La cosa fu ripetuta a L dall'anestesista una seconda volta e poi ancora dall'infermiera prima di essere riportato in camera: "Mi raccomando, si ricordi di farsi un controllo delle apnee notturne".

Il mercoledì, dopo l'operazione, L rimase completamente groggy e così parte del giovedì. Poi il giovedì sera cominciò a lamentare un dolore alla parte esterna della gamba sinistra, sotto il ginocchio. Il venerdì mattina chiese di essere visto dall'ortopedico per quel dolore, ma l'ortopedico che l'aveva operato non era presente quel giorno in clinica, allora chiese numerose volte che gli venisse fatta una lastra in quel punto dove aveva male, ma gli dissero che per fare ciò era necessario il parere del medico, al che ogni volta L replicò "Se non vi basta il mio, di parere, che sono medico, allora mandatemi il medico di guardia". Ma la sua richiesta cadde nel vuoto, un comportamento che, tanto più in una clinica di fama, stupì, a dir poco, anche la moglie di L che aveva raggiunto il marito prima dell'operazione.

Alle ore 14 del venerdì, dopo l'ennesima raccomandazione di ricordarsi di fare un controllo delle apnee notturne, iniziò il viaggio di rimpatrio, che di per sé si presentava piuttosto complesso, trovandosi la clinica a una certa qual distanza dall'aeroporto internazionale, forse un centinaio di chilometri. Inoltre L necessitava del trasporto in barella o al limite in sedia a rotelle debitamente attrezzata per tutte le procedure aeroportuali e anche di una speciale per muoverlo all'interno dell'aereo.

Il viaggio di rimpatrio fu l'unico vero momento che si svolse in modo magistrale. L aveva un'assicurazione per queste evenienze che si dimostrò molto efficace: ambulanza, barella, assistenza in ogni momento del trasferimento, dal letto dell'ospedale all'aeroporto, all'aereo con posti non solo in prima classe, davanti in prima fila, perché più spaziosi e fuori dalla bolgia dei passeggeri, ma anche con l'intera fila di posti riservata alla moglie, a L e alla di lui gamba, per poterla allungare. Arrivato l'aereo in Italia, in barella fu portato direttamente all'ambulanza che lo attendeva lì di fianco, poi portato non solo a casa ma proprio messo nel suo letto.

Che viaggio da veri signori! Tutto senza spendere un soldo.

Con la clinica belga invece le cose non furono fluide neanche sull'aspetto economico. L'assicurazione che L aveva stipulato per gli eventuali problemi sanitari durante i viaggi copriva anche le spese di degenza e di intervento. Quando gli incaricati dell'assicurazione alle ore 14 del venerdì erano venuti a prelevare L in clinica, prima avevano chiesto di poter pagare il conto, ma non fu possibile perché l'amministrazione non era in grado di prepararlo in tempi così brevi. Di conseguenza l'accordo fu che L avrebbe pagato il conto alla clinica quando gli fosse arrivato e che l'avrebbe poi inoltrato all'assicurazione per averne il rimborso.

Il conto arrivò dopo lungo tempo, L lo pagò e lo girò all'assicurazione. Il documento in questione, però, secondo l'assicurazione, non aveva le caratteristiche richieste come fatturazione in originale per cui non era possibile il rimborso. L provò a richiederlo alla clinica numerose volte, poi, alla fine, pensò di fare uno scanner della lettera dell'assicurazione che richiedeva l'invio della fattura in originale valida ai fini fiscali o, in alternativa, la dichiarazione ufficiale da parte della clinica nella quale si affermi che l'estratto delle note di ospedalizzazione emesse in data... "è da considerarsi documento fiscalmente valido e che non viene rilasciata alcuna altra documentazione". Inviò questo scanner alla clinica in questione e per conoscenza all'assicurazione. La clinica rispose a L e per conoscenza all'assicurazione che la nota di ospedalizzazione in questione è stata stabilita sulla base della legislazione in vigore nel loro paese. Si tratta del solo documento valido, legale ed esigibile da un ufficio medico, fiscale o di assicurazione che un'istituzione ospedaliera è tenuta a esibire dopo la somministrazione delle cure di salute (abbiamo cercato di tradurre il testo nel modo più comprensibile possibile senza snaturarlo). Mentre stiamo scrivendo, a mesi di distanza, la cosa è ferma a questo punto.

Arrivato a casa, L, che come già ben sapete è un maestro nella difficile arte letteraria della lagna, cominciò a lagnarsi moltissimo, dicendo che la gamba gli faceva male, ed essendo medico riempì questa lagna anche di contenuti scientificiTorniamo al viaggio di rimpatrio di L e della di lui moglie.. Il male più forte, che lui diceva mostruoso, non era dove era stato operato, ma sul lato esterno della gamba, esattamente un dito sotto il ginocchio, quello che sentiva già il giovedì sera in clinica. Questo dolore aumentava di ora in ora. Il gesso batteva lì e gli provocava un dolore che lui definiva terebrante alla gamba, al cui confronto quello dell'operazione era poco più di un solletico. L'ipotesi che faceva è che vi fosse un'altra frattura ossea, non precedentemente diagnosticata, che ledeva il nervo sciatico in quel punto. D'altronde le radiografie fatte in Belgio si limitavano, cosa incredibile, alla sola parte distale della gamba, cioè a quella parte vicino alla caviglia e non si vedeva la parte sotto il ginocchio.
Una bella lastra e si vide che il perone, per intenderci

quell'osso che è più o meno del calibro di un grissino piemontese, nello staccarsi dalla tibia all'altezza della caviglia si era rotto non soltanto in quel punto, ma anche, proprio come un grissino, sotto il ginocchio, con una frattura a becco di flauto che ad ogni movimento gli triturava piano piano, poco alla volta, il nervo sciatico popliteo esterno.

Non sempre le lagnanze sono delle mere esercitazioni poetiche, alle volte sono anche motivate.

Gli fu costruito un tutore, ovvero una bella imbracatura che partiva con una fascia attorno alla coscia, subito sotto l'inguine, e proseguiva con due bracci di metallo, provvisti di snodi bloccati su una determinata angolazione, fino alla gamba, che era rinchiusa dentro una specie di scatola di plastica dotata di forellini per la traspirazione. In questa occasione, mentre riprendeva fiato dal dolore provocato dallo sciatico che, provare per credere, non è uno scherzo, poté assistere in diretta alla storia del cinese: la fortuna e la sfortuna sono semplici fatti percettivi, dipendenti dall'angolo prospettico da cui si guarda il fenomeno.

Infatti il tutto fu occasione per quella che si può definire una rivoluzione copernicana.

Mentre si trovava in simili ambasce, nel letto, con la gamba appoggiata su quattro cuscini, con la sensazione, e forse non solo la sensazione, di essere più morto che vivo, un paziente che L aveva in psicoterapia gli telefonò dicendogli che aveva assoluto bisogno di vederlo. L gli fece presente la propria situazione fisica e il paziente, sanamente determinato dal proprio stato di bisogno interiore, gli disse "Non c'è problema, vengo ai piedi del tuo letto ove tu resti tranquillamente sdraiato con i tuoi cuscini sotto la gamba". A dire del paziente, di tante sedute quella fu proprio la meglio. Anche gli altri pazienti non vollero essere da meno e così avvenne questa rivoluzione copernicana del setting terapeutico.

Fin dai tempi di Freud, e forse anche da prima, erano i pazienti che di solito stavano sdraiati e il terapista seduto, ora invece era il terapista che stava sempre sdraiato e il paziente seduto. Al che viene da dire che senza la sfortuna della gamba rotta non vi sarebbe stata neanche la fortunata scoperta del nuovo setting terapeutico, i cui risultati andarono al di là di ogni previsione.

Infatti L aveva esperienza, nella propria terapia personale e nella propria formazione professionale, di sedute avvenute via Skype e il suo stato fisico fu per L motivo di stimolo per iniziare a usare questo nuovo strumento di comunicazione nel seguire i propri pazienti. Questo si dimostrò subito di grande vantaggio nel garantire una continuità terapeutica ai pazienti anche quando, ad esempio, questi erano lontani, in viaggi di lavoro, o molto semplicemente in vacanza con la famiglia. Le fantastiche innovazioni del setting sembrano susseguirsi con effetto domino.

In tutto questo, intanto, continua l'avventura postoperatoria di L.

La possibilità di apnee notturne può essere un grave rischio di per sé, perché si può arrivare all'arresto respiratorio, e lo è a maggior ragione in caso di anestesia ed L avrebbe dovuto essere nuovamente operato per togliere le viti, quindi si affrettò a chiarire la situazione delle apnee notturne. Si rivolse a un medico pneumologo, molto competente in materia, che gli installò addosso per una notte un divertentissimo apparecchio che registrava quello che L faceva la notte, tra cui se era sveglio, se dormiva, se respirava, se tratteneva il fiato, eccetera. I risultati non furono significativi per l'apnea. L per tranquillizzarsi definitivamente, vista l'importanza che l'apnea aveva avuto in Belgio, chiese anche il parere di un suo vecchio amico, ex compagno di seconda elementare, ora otorinolaringoiatra di fama, molto preparato sull'argomento. Ripeté l'esame con l'apparecchietto e i risultati furono ancora negativi. Insomma, dal punto di vista delle apnee non c'era problema, poteva farsi operare tranquillamente. Forse quello che era capitato in Belgio era dovuto ancora ai postumi della reazione che L aveva avuto alla morfina assunta inizialmente?

Le viti di sintesi per i malleoli vengono solitamente rimosse dopo un anno, ma quelle che chiudono tibia e perone necessitano di una rimozione molto più rapida. Infatti, il fisiologico scorrimento che tibia e perone debbono avere al movimento di flessione o di estensione del piede rispetto alla gamba verrebbe definitivamente compromesso da uno stato di immobilizzazione troppo protratta nel tempo, con il risultato di ledere la mobilità della caviglia stessa.

Era giunto il momento di togliere le suddette viti.

La sala operatoria era prenotata per il giovedì, si era dentro il conto alla rovescia.

Qui alcune coincidenze, vera manna dal cielo, indussero L a dei comportamenti apparentemente stravaganti ma che in realtà gli permisero di salvare la pelle.

Un giorno con il suo amico medico di base aveva cominciato una di quelle lagne in pompa magna su quante ambasce gli avesse procurato la gamba ultimamente. La situazione ortopedica presente fu quella che ebbe più spazio, ma, nella foga di lagnarsi, si ricordò anche di aver avuto una volta le gambe gonfie, a ridosso di quella fatidica vacanza finita inciampando e con la ferita alla gamba guarita grazie all'ispirato consiglio del superantibiotico dato proprio dal suo amico medico.

In quell'occasione le gambe erano migliorate

prendendo alcuni giorni di diuretico e, sgonfiando le gambe, vi fu una perdita di peso di L di circa tre chili, il che non è poco.

L nella lagna aveva parlato anche delle gambe gonfie solo come sfogo perché in realtà le gambe, a parte essere state gonfie quella volta, non avevano mai presentato nessun sintomo né segno clinico, neanche adesso dopo l'operazione, imputabili a problemi vascolari.

L'amico medico lasciò L lagnarsi per bene.

La lagna d'altronde è un genere letterario che, qualora non lo sapeste, necessita proprio di arrivare a compimento nel suo svolgimento, rispettando i suoi tempi di sviluppo. Essa consiste di una introduzione, in questo caso "Ahi, la gamba!", seguita da strofe di numero variabile cantate dalla voce a solo del lagnante e dopo ogni strofa è ripetuta sotto forma di ritornello l'introduzione, "Ahi, la gamba!", che dovrebbe essere cantata da tutto il coro dei presenti.

La lagna è un genere letterario classificabile negli sfoghi, come in natura lo sono i geiser: se qualcuno dei presenti ha l'improvvida iniziativa di interromperlo o di non starlo ad ascoltare, non solo la lagna non si interrompe, ma assume toni esistenziali, "Nessuno mi sta a sentire, nessuno mi capisce!", che se interrotti possono degenerare ulteriormente per arrivare, per esempio, fino a "Morirò! E sarà per colpa vostra!".

Una volta che tutto questo sbuffo è uscito, il soggetto lagnante manco più se ne ricorda. La lagna vuole essere solo uno sfogo, non una richiesta di un consiglio, che se dato non viene neppure ascoltato dal lagnante o addirittura viene vissuto come intrusione, con reazioni del tipo "Ma chi ti ha chiesto qualcosa?".

L'amico medico, come dicevamo, lasciò L sfogarsi per bene e quando L, ormai soddisfatto, passò ad altro argomento, gli disse, cosa che non c'entrava per nulla con il nuovo argomento, "Penso che sia buona cosa

per te un giorno fare un ecodoppler alle gambe".
Queste parole sorpresero L che era già in tutt'altri
pensieri e che però ebbe la saggezza di non opporsi ad
esse ma di lasciare che vagassero nei suoi pensieri e
gli si insinuassero in qualche parte del cervello per
ritornare poi fuori un altro giorno, al momento buono.

Altra coincidenza.
Un'amica la domenica precedente il fatidico giovedì in
cui era previsto l'intervento di rimozione delle viti,
telefonò a L dicendogli "Giovedì è il compleanno di B,
siamo già tutti qui per festeggiarlo, manchi solo tu". B
è un terapista di grande fama che con i suoi seminari
ha percorso il mondo intero, compreso il Sudamerica e
l'Estremo Oriente e L, in un reciproco affetto, si sente
onorato dalla di lui amicizia.
Il martedì L andò dall'ortopedico e, papale papale, gli
disse, senza dare troppe spiegazioni, che di lì a due
giorni non poteva essere operato perché non c'era.
"Ma come? Non ci sei? Con la sala operatoria
prenotata? Non sai che siamo in periodo sciistico e
non riuscirò più a trovarti la sala operatoria per
un'altra volta?".
Ma L rimase fermo, quel giovedì non c'era.
E fu qui che gli venne in mente di dire che una volta il
suo medico di base gli aveva detto "Penso che sia
buona cosa per te un giorno fare un ecodoppler alle
gambe", al che l'ortopedico rispose "Buona idea",
anche se non sembrava un esame proprio motivato,
non presentando L alle gambe né sintomi né segni di
problemi circolatori.
Nella stessa clinica in cui fu visitato dall'ortopedico
non era presente in quel momento l'ecografista
ufficiale, ma solo un chirurgo che stava eseguendo
esami di routine di controllo, il che andava benissimo
apparendo l'esame di L una pura formalità.
Il collega amabilmente accettò di vedere L anche se

non previsto e sorridendo lo fece accomodare sul lettino. Ma il sorriso si smorzò non appena ebbe posata la sonda sul polpaccio di L. Prese il telefono e chiamò un altro collega, uno dei più quotati ecodoppleristi di tutta la regione, poi disse a L "Vada da lui a farsi vedere, perché voglio che un referto così sia firmato da un luminare con tanto di ecodoppler di ultimissima generazione."

L si recò immediatamente dal luminare in questione.
La parola "recò" non rende appieno l'idea di cosa comportasse una simile azione. Infatti non abbiamo ancora detto che la cosa migliore per L era rimanere a letto e, se proprio doveva muoversi, necessitava di una sedia a rotelle dotata di un accessorio che assomigliava un po' a un ponte levatoio di un castello medievale, atto a tenere la gamba tesa in avanti, che faceva sì che il tutto fosse più lungo di un normale ascensore. Inoltre L necessitava anche di un trasporto su un taxi particolarmente grande che potesse contenere anche la sua gamba. In tutto questo la moglie di L, santa donna, tirava la carretta, proprio come nel modo di dire, con L sopra e alle volte anche la spingeva. "Si recò" sta a significare che fu dalla moglie, santa donna, in mezzo a innumerevoli difficoltà, spinto fin colà. Va già bene che quel giorno non diluviava.
La vena poplitea era completamente trombizzata, non passava neanche più una goccia di sangue, così pure le vene comunicanti, dal piede a tutto il polpaccio fino al ginocchio e per di più in quest'ultima parte il trombo si presentava con una coda libera per cui c'era il rischio che, in caso di operazione, il trombo venisse sparato in circolo finendo chissà dove, con conseguenze che è meglio non immaginare per non spaventarsi, visto che a quel punto nessun chirurgo sano di mente l'avrebbe operato.

Che si fosse formato un trombo era una cosa veramente incredibile perché L aveva fatto, come previsto dal protocollo medico, la profilassi antitrombo con iniezioni quotidiane di una particolare eparina prevista in questi casi e regolarmente acquistata in farmacia. Però tempo dopo venne la notizia che era stata immessa sul mercato internazionale una partita di eparina non perfettamente a norma. Che a L fosse capitata proprio quella?

In ogni caso L partì immediatamente con una terapia a pienissimo dosaggio di eparina.

Insomma, il nostro L l'aveva scampata bella e il tutto per quella miscela di coincidenze data dalle parole del suo medico di base e dalla voglia di partecipare al compleanno di B. Sante coincidenze, meno male che L non si era opposto ad esse e aveva lasciato che la loro miscela agisse in lui.

La moglie disse a L "Be', spero che tu adesso te ne stia a casa tranquillo e non te ne vada al compleanno di B" e L rispose "Certo che vado, glielo devo, mi ha salvato la vita! Se non fosse per il suo compleanno giovedì sarei stato operato".

D, che conosceva anche lui B e che aveva piacere di andare al suo compleanno, intervenne in aiuto a L venendo anche lui al compleanno di B. Caricò sul suo macchinone, grande dentro e piccolo fuori, L, la carrozzina, un numero incredibile di cuscini per tenere su la gamba di L e andarono al compleanno di B.

Il giovedì mattina, durante i festeggiamenti, staccarono i telefonini. Sul finire della mattinata B vide L sulla sedia a rotelle in mezzo a tutta quella gente e venne ad abbracciarlo ed L gli fece i migliori auguri di buon compleanno. Finita la cerimonia riaccesero i telefonini. Erano le ore 13. L pensò, "Toh, guarda, proprio l'ora in cui avrei dovuto essere operato". Infatti la sua operazione era prevista come ultima del mattino. Proprio in quel momento.

Pochi minuti dopo arrivò a L la telefonata della di lui moglie che gli diceva "È morta tua mamma, non più di dieci minuti fa. Stava mangiando tutta tranquilla quando disse alla badante – Oh, muoio –". L'espressione "Oh, muoio" era una cosa che la mamma di L ogni tanto diceva, ma questa volta era morta veramente.

"Ma come? Io, se non fosse per delle pure casualità sarei stato operato proprio in quel momento, in quel momento in cui invece muore la mia mamma" e un senso di sgomento di fronte all'incomprensibilità delle umane vicende pervase L.

E tacque.

L si sentì come se una nuvola, a dir poco scura, si fosse addensata sulla sua famiglia e pensò che una benedizione potesse essergli di conforto. La concomitanza del compleanno di B, dell'ecodoppler, dell'operazione rimandata e della morte della mamma di L aveva toccato anche molto D: sono indubbiamente coincidenze che portano a interrogarsi e D cercò d'essere d'aiuto a L e alla sua famiglia in questo frangente.

L si recò, accompagnato da D, ovvero con D che spingeva la solita sedia a rotelle con il ponte levatoio su cui era appoggiata la gamba tesa, sia dai frati Domenicani che dai frati Cappuccini. Poi se ne stette il più tranquillo possibile a letto, cercando di aiutare con il riposo le funzioni vitali del suo corpo. In capo a un mese nuovo ecodoppler e, meraviglia!, il trombo non c'era più. Addirittura sembravano funzionare le valvole della vena poplitea! Una guarigione così era incredibile, sia per i risultati sia per il tempo, un mese circa, mentre di solito occorrono sei mesi se non un anno.

Il dubbio che sarebbe potuto venire era che ci fosse

stato un errore nell'esame precedente. Ma no, le foto dell'ecodoppler parlavano chiaro e non c'era la possibilità di scambio di paziente perché i risultati dell'ecodoppler erano stati consegnati nelle mani di L nel momento stesso in cui erano stati eseguiti, quindi era certo che non vi era stata possibilità di scambio con altri esami.

Il chirurgo vascolare, che in tutto questo frangente si era comportato con L come un amico di vecchia data, gli chiese "Caro collega, avrai sicuramente fatto la terapia prevista dal protocollo, ma hai fatto anche qualcosa in più?". "L'unica cosa che ho fatto è stato andare a farmi benedire dai frati Domenicani e dai frati Cappuccini". "E bene facesti".

Un mese esatto da quel fatidico giovedì in cui L non fu operato e in cui morì la sua mamma, L era in sala operatoria a farsi togliere le due viti che tenevano uniti tibia e perone, solo quelle perché per le viti e la placca di sintesi dei malleoli ci voleva ancora tempo.

L'operazione andò bene.

Pochi giorni dopo cominciò la fisioterapia per mobilizzare i movimenti del piede rispetto alla gamba, altrimenti la caviglia sarebbe rimasta bloccata. La fisioterapia si dimostrò subito molto impegnativa, i movimenti passivi erano dolorosi e limitati, i muscoli era come se non ci fossero più, oltre a questo sembrava che L non si ricordasse più dove si trovavano i pulsanti dentro il cervello per dare il comando ai muscoli di muoversi.

Bisognava spingere L tutte le mattine fino all'istituto di fisioterapia e le persone a lui vicine, in particolare D che in questi frangenti fu molto presente e di grande aiuto, si alternarono in questo compito alleggerendo un po' il carico della di lui moglie, che in quel momento era anche schiacciata dal peso delle incombenze e della preoccupazione per la propria madre, gravemente ammalata. Non passarono che dieci giorni dall'operazione che la mamma della moglie di L morì. Povera moglie, un periodaccio proprio tosto tosto.

L era diventato un paziente, anche un po' sprovveduto, e come tale credeva che la prenotazione della fisioterapia una volta iniziato il trattamento fosse automatica. Invece non era così, per cui presentando l'impegnativa alla fine del primo ciclo, non avendo rinnovato prima la prenotazione, si trovò a non avere più il posto, e rimase a casa.

Ognuno di noi nel momento in cui vive l'esperienza in prima persona alle volte è come se fosse colto dall'oblio e dimenticasse tutto ciò che ha studiato. L per motivi professionali era ben consapevole di cosa significasse, non solo in termini intellettuali, ma anche in termini di fatica e di impegno umano, la rieducazione funzionale di un paziente dopo cotante vicissitudini e di quanta grinta ci fosse bisogno, più che per vincere i cento metri alle Olimpiadi. L invece, nella sua nuova veste di paziente, si lasciò cogliere da un senso di impotenza e forse in cuor suo pensava che non avrebbe mai più camminato e poi la fatica della fisioterapia era talmente tanta che forse non valeva nemmeno più il caso di provare.

Si sentiva molto avvilito.

Fortuna che la moglie, nonostante tutte le traversie subite, lo scosse furiosamente dicendogli "Faremo venire immediatamente una fisioterapista a casa la sera e riprenderai appena ci sarà posto al mattino l'istituto fisioterapico, facendo bene attenzione a rinnovare sempre per tempo le prenotazioni".

Fu così che L cominciò a farsi massaggiare tutte le sere. Questo fu molto utile perché, dopo così tanto tempo a letto, il suo corpo era tutto dolorante, proprio tutto: non solo le gambe ma anche la schiena, le spalle, il collo, le braccia, le mani anch'esse, le poverette, che dopo mesi di inattività si trovarono implicate nella fatica di far girare le ruote della sedia quando non vi era qualcuno a spingerla. Riprese la frequenza all'istituto di fisioterapia e si rese conto come per l'uomo il camminare sia forse definibile come un'arte acquisita. Gli altri animali, ad esempio quadrupedi come i gatti, ma anche bipedi come i pulcini, nascono come se avessero già un programma implementato nel loro computer di bordo, ovvero il loro cervello, relativamente al cammino e alla modalità con cui attuarlo. Un gatto o un pulcino, anche se isolati dalla nascita dai loro simili, hanno un comportamento istintuale che li porta a camminare come dovrebbe camminare un gatto o un pulcino. È come se fosse la semplice attuazione nel tempo di un qualcosa già insito nell'animale: una semplice attuazione, non un apprendimento.

L'uomo, alla nascita, non ha la struttura scheletrica e neuromuscolare sufficientemente sviluppata per sostenere il carico, ma anche quando con l'anno d'età arriva ad averla, camminare è per lui una difficile arte che richiede d'essere appresa attraverso l'imitazione e la pratica. Riguardo all'imitazione vi sarebbe da fare una lunga dissertazione sui "neuroni a specchio" che ci permettono di imitare i movimenti fatti da altri e che sono di grande importanza anche per i nostri processi di socializzazione. La pratica per apprendere a camminare nel bambino necessita non solo di energia e di dedizione totale, ma anche della voglia di sperimentare senza curarsi delle conseguenze: basti pensare a quante volte il bambino cade e continua a riprovare. A suffragare l'ipotesi che per l'uomo il camminare sia un'arte appresa e non innata potrebbe essere addotto il ritrovamento di bambini persi in natura alla nascita e adottati da animali selvatici. In verità in tutta la storia dell'uomo i ritrovamenti documentati sono pochi casi, non più delle dita di una mano. Uno di questi casi, riscontrato nel secolo scorso, riguarda un bambino che era stato adottato da un branco di lupi: non sapeva camminare a due gambe, bensì camminava a quattro gambe come un quadrupede.

Insomma, tutto questo è per dire che il buon L aveva l'impressione che nell'hard disk nella sua testa non ci fosse più il programma per camminare.
Ogni inizio di settimana gli facevano percepire nel proprio corpo un movimento facendoglielo provare passivamente, ovvero ad esempio il fisioterapista, con L sdraiato sul lettino, teneva con una mano la gamba di L e con l'altra in modo dolce gli ruotava esternamente il piede. Poi L doveva cercare di fare il medesimo movimento non più passivamente condotto dal fisioterapista, ma attivamente: arrivare a questo richiedeva uno sforzo di volontà di tutta una settimana, non solo vi era un deficit muscolare, ma è come se L non si ricordasse più come dare i comandi.

La voglia di arrendersi era tanta, fortuna che il fisioterapista era meglio di un caporalmaggiore e con ogni mezzo gli impediva la resa. Ogni tanto lo cambiavano altrimenti L entrava in confidenza e cominciava la sua lagna. È difficile lagnarsi con una persona che non si conosce ancora e che sta mettendo tutta la sua professionalità nell'aiutarti. Alla fine capitò con una fisioterapista dotata di un forte senso dello humor la quale continuò a sferzarlo in un clima che divertì molto L.
In capo a una settimana il movimento in questione cominciava a prendere una forma e lì si cominciava con un nuovo movimento, nuova tribolazione. Di

movimento in movimento, di settimana in settimana, di tribolazione in tribolazione, L riacquisì, sempre stando sdraiato sul lettino, tutta una serie di movimenti, quelli direttamente implicati nella deambulazione. Ma metterli assieme per simulare il passo, pur sempre rimanendo sdraiato sul lettino, fu ancora tutt'altro paio di maniche, per non parlare poi del mettersi in piedi anche senza carico.

Vi fu nuovamente da riacquisire l'equilibrio.

Anche l'uso delle due stampelle, alternandole nel passo alla gamba sana, richiedeva una coordinazione specifica.

Il carico progressivo sulla gamba operata fu cosa ancora più difficile.

Qui veramente si vedevano i deficit dell'hard disk nel programma del cammino. In tutto quel tempo il programma del cammino era come se si fosse in parte dimenticato, per di più acquisire di camminare con le stampelle, che consiste nell'appoggiarsi a esse e muovere contemporaneamente le due gambe come quelle di un canguro, necessita di un programma di coordinazione totalmente diverso che nella testa di L faceva a pugni con il programma del cammino. Riavere i due piedi per terra, ovvero essere, come diceva Lincoln, un animale che ha ambedue le gambe sufficientemente lunghe da toccare per terra, richiese un lungo tempo.

Insomma, in tutto questo L si era fatto sei mesi di sedia a rotelle, durante i quali, tanto per rendere l'esperienza più intensa ed evolutiva, vi fu una grande quantità di acqua dal cielo la più parte delle volte in cui L transitava per strada con la sua sedia a rotelle. Ma perché le sedie a rotelle non hanno un optional per sostenere un ombrello aperto? Se avete entrambe le mani impegnate nello spingere le ruote della carrozzina per farla avanzare, con cosa tenete l'ombrello? Con i denti? Viene da domandarsi se i costruttori di sedie a rotelle abbiano mai usato personalmente come utenti, non semplicemente come accompagnatori, una sedia a rotelle in caso di pioggia.

L, una volta che più che piovere diluviava, in un moto di intemperanza verso la moglie, santa donna, la cacciò via dicendo "Va' via, torno a casa da solo" e in mezzo a tutto questo diluvio, con gli autobus che passavano nelle pozzanghere vicino al marciapiede e lanciavano scrosci degni di un autolavaggio, cercò di avanzare, potremmo dire usando le unghie e i denti, perché si accorse che, nonostante il marciapiede all'incrocio fosse dotato di scivolo, la pendenza era tale che con le sue forze non riusciva a risalirla. Sembrava Sisifo con la sua pietra: prendeva tutto lo slancio possibile ed era quasi arrivato in cima allo scivolo che puf! come la pallina del flipper la sedia a rotelle tornava indietro.
All'ennesimo tentativo, quando L aveva perso la speranza di farcela, fortuna volle che passò di lì un suo paziente che lo riportò a casa.

Dalle due stampelle passò a una, poi nuovamente a farsi operare per togliere le viti e la placca di sintesi al malleolo, un piccolo periodo di convalescenza e poi L pensava di correre come una capra, ma per il momento non fu così.
Si capisce in quale contesto si inserisse la frase "Sarà un ottimo modo per te di leccarti le ferite" pronunciata dalla moglie di L, santa donna.
La gamba, soprattutto se si stancava un po', diventava instabile, come se il piede ballasse fra i due malleoli. La sensazione di instabilità compariva nel salire e soprattutto nello scendere i gradini e nel camminare sul terreno sconnesso, anche semplicemente sul dislivello fra due lastre di pietra del

marciapiede. La sensazione era che la gamba gli potesse cedere da un momento all'altro e che ci fosse il reale pericolo di schiantarsi nuovamente a terra, il che faceva sì che si portasse sempre appresso la stampella. La posizione migliore era quella sdraiata, perché dopo poco che era in posizione seduta o all'impiedi, sia fermo che in movimento, la gamba gonfiava e aumentava la sensazione di instabilità e di dolore. Il dolore era quello dello sciatico popliteo esterno a cui progressivamente veniva ad aggiungersi un dolore al legamento, che si era strappato e che unisce tibia e perone vicino alla caviglia, e alla frattura del perone subito sopra il legamento. In queste condizioni sottocarico, il legamento e la vecchia frattura del perone gli danno la sensazione di strapparsi e di spezzarsi nuovamente da un momento all'altro.

L'essere sdraiato sul divano ha permesso sì a L, come psicoterapeuta, di effettuare una rivoluzione copernicana del setting terapeutico con il terapista sdraiato e il paziente seduto anziché il paziente sdraiato e il terapista seduto, ma non gli ha ancora permesso di reintegrare l'esercizio della pratica medica nella sua vita, almeno per il momento.
I medici, chi più chi meno, possiamo però dire proprio tutti, se troppo presi dalla pratica della medicina possono arrivare alle volte ad esaurire le batterie, quella sindrome chiamata "burn out", letteralmente "bruciare fino in fondo", ma senza il loro lavoro si sentono senza il "fuego" che rende la vita "caliente", senza la passione che ha sempre animato la loro vita.
La passione accomuna medici e artisti, è quel quid che rende il vivere un'arte: e l'esercizio della medicina non è forse un'arte?
A L, che come tutti i medici tanto ha investito in studio, fatica e dedizione alla pratica medica, questa,

nel momento presente, tanto gli manca.

Non solo il fisico, ma anche il morale di L ha bisogno di una tonificazione. Forse per L è proprio una buona cosa seguire il consiglio della moglie, santa donna.

D e L sono accomunati ambedue dal bisogno di prendersi un po' cura di sé, di respirare aria buona, di mangiare sano, di fare la giusta fisioterapia per L e un po' di sana ginnastica per D, perché no?, ancor meglio se cullati dal mare. E inoltre D potrebbe approfittare dell'occasione per fare qualche seduta di psicoterapia col suo terapista, senza dover attraversare tutta la città in automobile, trovare un parcheggio, non ricordarsi poi dove ha parcheggiato dopo infiniti giri, eccetera eccetera...

A questo punto a L viene in mente un'idea: scrivere assieme il diario di bordo. Potrebbe essere una nuova via terapeutica.

Fa parte del cammino terapeutico già consolidato dalla tradizione scrivere un diario da parte del paziente. La cosa è stata spunto per opere di letteratura di grande portata, basti pensare alla "Coscienza di Zeno" di Italo Svevo.

Molti sono i diari scritti dal terapista, per dirla in termine tecnico, sul caso clinico in questione.

Vi sono anche alcuni diari scritti in parallelo: da una parte, per conto suo, il paziente teneva il proprio diario e contemporaneamente, ma in modo indipendente, anche il terapista teneva per conto suo il proprio diario.

Ma un diario scritto contemporaneamente a quattro mani da paziente e terapista, di questo proprio L non ne aveva memoria, la cosa potrebbe avere un particolare significato per D visto che è un letterato. Che i due stiano per scoprire una nuova via terapeutica?

D dice a L "Sta' attento, perché se funziona, rischi poi di trovarteli tutti, Stephen King e Dan Brown compresi!".

Di nuovo domenica

Ma torniamo al fumaiolo a cui i nostri amici sono incollati.

Al porto di Venezia, sbrigate le formalità di imbarco, la prima cosa in cui sono coinvolti, tanto per mettere le cose in chiaro subito, è un'esercitazione. Ma che esercitazione?

L si ricorda quelle al liceo nell'aula di esercitazione di chimica nonché le esercitazioni pratiche che svolgeva il sabato pomeriggio dopo aver studiato furiosamente tutta la settimana col suo amico G.

L si è trovato a vivere la giovinezza in un'epoca curiosa, quando le cose non erano più e quando le cose non erano ancora. Riguardo al sesso non era più l'epoca in cui i padri, per istruire ed educare con paterno affetto ed esempio i propri figli maschi arrivati ad essere ormai uomini e per accoglierli da pari nella cerchia della maschile potenza in atto, li portavano alle "case chiuse": non era proprio più quell'epoca, tant'è vero che le suddette case erano state proprio chiuse chiuse con decreto di legge e non era neanche ancora l'epoca in cui vi fosse l'educazione sessuale nelle scuole. Era l'epoca in cui la sessualità era alla buena de dios.

L e il suo amico G avevano trovato casualmente sulle bancarelle, incredibile a dirsi, un libro sull'educazione sessuale. Ne avevano prese due copie e cominciarono questa incredibile lettura.

Scoprirono universi di anatomia, scoprirono che nella sessualità era buona cosa stabilire un rapporto con l'altra persona e scoprirono l'esistenza di preliminari, altra cosa incredibile! Insomma, si avventurarono in questo ambito di conoscenza consapevoli che nella loro inesperienza rischiavano di essere come un elefante in un negozio di cristalleria. C'era bisogno di tanto studio e tanta pratica che portasse alla trasformazione, forse alchemica, di questi rozzi esseri che avevano una sola idea in testa, in compenso ben fissa, in giovani in grado di rapportarsi con quel fiore sublime che è l'essere femminile e in grado di percepirne l'inebriante fragranza.

Da qui lo studio sistematico con l'amico G durante tutta la settimana di un capitolo per volta per poi esplorare quanto appreso il sabato pomeriggio passo a passo nell'esercitazione pratica con la propria bella.

D invece quanto a esercitazioni aveva un buco nero, le uniche che gli vengono in mente sono le esercitazioni militari, ma lui giustappunto il militare non l'ha fatto.

Scopriamo che l'esercitazione è per i casi di emergenza di abbandono della nave.

Bisogna stare attenti ai fischi, sette brevi e uno lungo vuol dire "emergenza, abbandonare la nave".

D è un po' preoccupato perché alle volte gli parte un acufene e non vorrebbe scambiarlo per l'abbandono della nave e trovarsi da solo in mezzo al mare, ma quando sentiamo il segnale ci rendiamo conto che non è possibile sbagliarsi: anche un sordo lo percepirebbe come un suono dirompente che squassa tutta la nave, anche le cabine.

I nostri eroi erano già stati provvisti entrambi dalla moglie di L, santa donna, di una piccola torcia a led da tenere tassativamente sempre addosso, nel caso si verificasse una situazione di emergenza in cui manchi la corrente elettrica, per non perdersi nei corridoi bui: avranno il loro da fare a spostarla di tasca ogni volta che cambiano d'abito! Giustappunto i nostri eroi erano in cabina e come odono il suono squassante dell'allarme, torcia led in mano, fanno che andare tranquillamente al ponte quattro ove vi è l'accesso alle scialuppe, senza giubbotto salvagente, dicendosi "Tanto è solo un'esercitazione e poi di giubbotti ce ne saranno anche nelle scialuppe".

La folla dei crocieristi è tutta dotata di giubbotto salvagente perfettamente indossato e i nostri eroi, che sono i soli senza giubbotto, vengono, dallo efficientissimo personale che presiede alle grandi manovre di abbandono nave, ricacciati nella loro cabina a indossarlo.

Qui acchiappano ognuno il proprio giubbotto salvagente e dopo un po' di esercitazioni, in cui se lo mettono al contrario, in cui se lo legano male e rischia di diventare un nodo scorsoio, quasi eleganti nel loro perfetto assetto da naufraghi con giubbotto indossato si recano al punto di raccolta, quello A, il loro. Qui sono convenute una quantità incredibile di persone, tutti in assetto di naufragio, e parlano a due a due le lingue più disparate. Fantastico. La scialuppa sarà, riguardo agli idiomi, come l'arca di Noè ove vi erano due esemplari per ogni manifestazione della vita terrestre.

Pensavamo che l'unico pericolo fosse il naufragio, ma scopriamo che anche gli incendi mica scherzano.

Veniamo disposti, senza però dividere amici e famiglie, per righe e per file, come squadroni di falangi macedoni e il coraggio ci pervade, vedendo anche l'organizzazione e la determinazione dell'equipaggio in questa impresa: siamo pronti. Ma proprio quando stiamo aspettando il comando, forti come i militari di Alessandro Magno, per l'assalto delle scialuppe, ci viene detto che l'esercitazione è finita.

Dopo l'esercitazione rimaniamo con i giubbotti salvagente indossati, perché l'idea di raggiungere la cabina ci appare ancora come una caccia al tesoro e non vogliamo perdere neanche un minuto dello spettacolo di Venezia.

Saliamo sul ponte più alto della nave, che stava lentamente procedendo lungo il canale della Giudecca, e benché conoscessimo Venezia e il suo incredibile fascino, vedere per la prima volta la città dall'alto è un vero e proprio incanto, persino le campane che rintoccano dai campanili sembrano suonare per noi.
Per descrivere simile incanto ci vorrebbero rime baciate, endecasillabi, versi sciolti, o forse meglio versi alessandrini, ma i nostri amici come anche le altre persone presenti a folla sui ponti superiori tacciono ammutoliti da cotanta bellezza.
L, che fin dai tempi della lettura del libro con l'amico G aveva immaginato come esprimere con la pochezza delle parole il proprio inchinarsi di fronte all'infinita bellezza dell'essere femminile e che non si sa perché in questo poetica, che è come farnetica ma da poetare, in lingua inglese prorompe "Venice, when I see you, I feel wonderful".
È un rapporto a tu per tu con Venezia di cui nessun aggettivo potrebbe essere esaustivo, che fa sentire, percepire il magico che c'è in se stessi, toccare l'ispirazione creativa che, quando tace il rumore dell'affanno quotidiano, emerge come sinfonia del silenzio di quello che i meditatori chiamano il vuoto fertile.
D guarda con occhi sbalorditi lo spettacolo indicibile e viene il dubbio che vi sia il rischio, al quale peraltro sono esposti tutti i presenti, per lui di cadere nella sindrome di Stendhal, quel forte turbamento emotivo che può arrivare nella sua manifestazione anche al pianto e allo svenimento in turisti che improvvidi pensino di poter contemplare passivamente il vortice dell'arte senza essere pronti al di lei rapimento.

Lasciata la Giudecca sulla destra e poi San Marco con il palazzo Ducale sulla sinistra e oltrepassati anche i giardini alla punta estrema della città, la nave, prima del mare aperto, passa accanto al Lido.

E fu così dunque che i nostri due eroi soli con il giubbotto salvagente in mezzo a tremila crocieristi si trovarono a tu per tu all'appuntamento con Ottavia.
"Ma perché siete gli unici con il giubbotto salvagente?".
E così i nostri eroi, gli unici ad essere andati all'esercitazione senza giubbotto e per tale motivo a esserne cacciati, si trovarono unici con il giubbotto da naufragio nella serenissima vista di Venezia. "Che figura! Va be', tanto Ottavia ormai ci conosce e gli altri tremila crocieristi hanno l'occasione di fare pure loro un assaggio della nostra conoscenza".

Un buon umore condiviso

Silvio Perrella, Marcello Fois, Paolo Di Stefano,
Emanuele Coen, Noemi Cuffia

"Da costa a costa. Cronistoria di un viaggio per mare", come abbiamo detto, è piaciuto molto ai nostri lettori proprio per questo sguardo fresco e affettuoso, per questo umorismo che rende più facile prendere la vita per il verso giusto, tanto che è stato presentato al Premio Strega 2013 dal critico letterario Silvio Perrella e dallo scrittore Marcello Fois.

Una crociera? C'è qualcosa di più "comune" di una crociera? I nostri due autori - Dario Voltolini e Lorenzo Bracco - decidono di tenere un diario di bordo, intitolato "Da costa a costa" edito da BookSprint Edizioni.
Loro hanno deciso che la vita quotidiana va indagata senza arrestarsi dinanzi a nulla.
I loro corpi e le loro menti sono già provati da disagi, disavventure, incomprensioni, dolori e via seguitando. Non per nulla uno è l'analista dell'altro. Ma il loro confronto li ha portati a varcare gli steccati professionali [...].
Ne vien fuori una scrittura d'indagine psichica e geografica, tutta tenuta su una nota implicita di umorismo: un umorismo usato come un distanziatore dal dolore, ma anche capace di mischiarsi alla pietà. La crociera è finita; si torna in treno a casa propria; si torna con qualche minuto di anticipo: cosa succederà? Succederà che la trafila dei giorni seguirà il suo corso

e sorriso e pietà andranno dosati come forme di resistenza e insieme come uno stile che ha tanto da vedere con il pudore.

Silvio Perrella

"Da costa a costa", di Dario Voltolini e Lorenzo Bracco, è un'escursione contemporanea dentro un genere classico desueto e assai arduo: il comico. La dimostrazione che c'è spazio per una scrittura lieve, ma non per questo superficiale. L "Homo Sapiens Lagnosus" e D "che emette un odore di topo morto" se mangia latticini, si avventurano per una crociera a basso costo che deve condurli, circumnavigando la Penisola, dal mare Adriatico fino al mar Ligure. La vicenda, attraverso le avventure di L e D, che procedono rinchiusi in non luogo fluttuante abitato, e agito, da figure che sono viventi, ma anche metaforiche, procede con la levità profondissima di un Jerome K. Jerome, sostenuta da una scrittura controllatissima e sempre efficace.
Questi personaggi sono due prototipi di italiani medi, ma sono scritti, e descritti, talmente bene, che sfuggono a qualunque facile tassonomia per assurgere al tono di uomini e basta, abitanti di questo mondo surreale dentro al quale ci dibattiamo, con la stessa allegria incosciente dei viaggiatori del Titanic, o della Costa Concordia […].

Marcello Fois

Così scrive lo scrittore e giornalista culturale Paolo Di Stefano sul Corriere della Sera del 27/6/2013:

Un diario di bordo, un'iniziazione alla crociera turistica, ma soprattutto una boccata d'aria fresca di mare respirata a pieni polmoni come una parentesi ironica

nel flusso per lo più faticoso della vita quotidiana [...].
Paolo Di Stefano

Su *L'ESPRESSO* del 18/5/2013 Emanuele Coen scrive:

[...] Già gli Italiani. Come quelli incrociati dallo psicoterapeuta Lorenzo Bracco e dallo scrittore Dario Voltolini nella loro crociera low cost da Venezia a Livorno. Un esilarante diario di bordo scritto a quattro mani, il romanzo "Da costa a costa" (Booksprint Edizioni), presentato al Premio Strega 2013.
Il viaggio per mare di uno psicoterapeuta e di un suo paziente novelli crocieristi, tra escursioni, gag ed emozioni.
"Abbiamo conosciuto viaggiatori appassionati, sembravano aver vissuto più a lungo su una nave che sulla terraferma. Un microcosmo affascinante", racconta Dario Voltolini: "A bordo c'era un clima rilassato, fatto di rispetto e complicità, che non ritrovi in giro per l'Italia. Citando Proust, la vera novità non è vedere cose nuove, ma vederle con occhi nuovi. Ecco, il mare cambia la percezione dei luoghi".
Emanuele Coen

In rete, su *www.lestradedellinformazione.it* Erminio Fischetti ha scritto, il 17/6/2013:

[...] Sono scorci e impressioni di vita che traggono forza dalla quotidianità, dal lento trascorrere del tempo (come può esserlo proprio un viaggio in barca), che si nutre di tutto e in particolare del nostro bagaglio culturale.
"Da costa a costa. Cronistoria di un viaggio per mare" è un libro curioso, ironico, fruibile grazie a tutta la sua leggerezza, che nasconde però una profonda sincerità

di fondo.

Erminio Fischetti

Questa è una breve raccolta di messaggi di lettori:

Buonasera dottore, Mi sono divertita molto leggendo il suo libro. Dopo averlo finito però mi sono accorta che quella leggerezza che mi ha fatto così ridere è una cosa seria e la vorrei nella mia vita. (Emma)

Buonasera, Ho finito Da costa a costa, mi ha messo di buon umore e le assicuro che non mi succedeva da un bel po' di tempo a questa parte. Grazie! (Anna)

Non solo mi è venuta la voglia di fare una crociera quanto la voglia di vedere la vita e le sue cose in modo più morbido. (Lino)

Un umorismo leggero e spontaneo mai banale o serioso. (Silvana)

Mi è piaciuto questo libro perché l'ho trovato simpatico. È un libro leggero, cosa che di questi tempi fa piacere per sdrammatizzare tutte le cose che capitano. (G.F.)

Sul suo blog *Una tazzina di caffè* la scrittrice Noemi Cuffia martedì 16/4/2013 scrive:

Prima di raccontare dell'ultimo libro che ho letto (bellissimo) vorrei dire di uno che devo ancora leggere ma che mi incuriosisce particolarmente.
Non mi incuriosisce, anzi. Mi commuove. Anzi. Mi avvince, mi tiene ancorata all'attesa di leggerlo.

Perché è ciò che volevo leggere, che vorrei leggere negli ultimi tempi. [...]

Ed è un libro che ho capito dal comunicato stampa essere anche: comico. Non solo, ma anche. Perché in una lunga psicoterapia, che è esattamente come il più angosciante, pericoloso, affascinante, magnifico, emozionante, spietato, dolce, debilitante, fortificante viaggio in mare aperto, in effetti, e ovviamente senza destinazione, a un certo punto è vero che si ride parecchio.

Perché la vita, ammettetelo, fa ridere.

I problemi fanno ridere. Anche il dolore. Qualche volta. Fa molto ridere.

Ne sono sicura. [...]

Un libro così, uno scrittore stranissimo, un dottore sperduti a ridere e a indagare la vita in mezzo al mare. Tutto questo ha un non so che di poetico e di molto divertente.

Noemi Cuffia

Post scriptum

Lorenzo Bracco e Dario Voltolini hanno scritto, dopo "Da costa a costa", anche un secondo libro di viaggio: "Oltre le Colonne d'Ercole. Viaggio per mare e per terra nel tempo e nella conoscenza". presentato al Premio Strega 2014 da Daria Bignardi e Paolo Di Stefano.
Se l'incontro con i protagonisti L e D è stato di vostro gradimento, in questi due libri potrete seguire per esteso i loro racconti e il loro sguardo sulla vita e sul mondo.

Chi è interessato ad approfondire la terapia del trauma può leggere il libro "ANORESSIA i veri colpevoli" del Dott. Lorenzo Bracco, vincitore del Premio Cesare Pavese 2013, Medici Scrittori Saggistica.

Tutti e tre i libri sono acquistabili online sia in cartaceo che in ebook.

Curriculum Vitae dell'autore

LORENZO BRACCO, filosofo, medico, specialista in fisiatria, psicoterapeuta. Terapista del trauma (SE e NARM Practitioner).

Vive a Torino dove si è laureato prima in Filosofia (110/110 con lode) con Tesi di Laurea in Sociologia con il Prof. Luciano Gallino, poi in Medicina e Chirurgia (110/110 con lode).
Specializzato in Fisiatria, ha conseguito a Parigi il Diplôme de Université in Medicina Ortopedica e Terapie Manuali (Paris VI) e quello in Patologia ed Epidemiologia Tropicale opzione clinica (Paris VII).
In Francia alla scuola fondata da J. A. Lavier ha studiato Medicina Tradizionale Cinese che ha poi approfondito in Cina.

Come Psicoterapeuta è nell'elenco dell'Albo dei Medici di Torino, è membro della Federazione Francese di Psicoterapia e Psicoanalisi (FF2P) e l'Associazione Europea di Psicoterapia (EAP), con sede a Vienna, gli ha conferito The European Certificate of Psychotherapy (ECP) con l'iscrizione nel Registro Europeo degli Psicoterapeuti (ERP). Dalla Scuola Parigina di Gestalt (EPG) ha ottenuto il Diplôme International de Gestalt-Thérapeute. Ha conseguito il Master biennale in Terapie Brevi Strategiche (Arezzo), è certificato Somatic Experiencing® Practitioner (terapia del trauma secondo Dr Peter Levine) e NeuroAffective Relational Model, NARM™, Practitioner (Dr Laurence Heller).

Il suo iter psicoterapeutico personale passa attraverso un'analisi freudiana classica con Giuseppe Luciano, terapie di Gestalt con Paul Rebillot, con Serge Ginger, con Noel Salathé e Costellazioni Familiari e Sistemiche con Bert Hellinger e i suoi diretti allievi.

Ha fatto esperienza di medicina tibetana in India e Tibet, di medicina tradizionale cinese in Francia e in Cina, di rebirthing, di primal, di co-dipendenza col Dr Thomas Trobe (Krishnananda), di Seitaï col Maestro Jean Benayoun.

Per tredici anni (1997-2010) ha seguito un processo sia terapeutico che di supervisione in psicoterapia psico-corporale con Eric Mathy (Liegi).

Segue dal 2008 un cammino personale e di studio con il Dr Laurence Heller, ideatore del NeuroAffective Relational Model, NARM™.

E' ideatore della DNE®, Dieta della Nicchia Ecologica.

Integra la nutrizione nella pratica medica, psicoterapeutica e specialistica in cui pone la persona del paziente al centro di una terapia dove la scientificità della medicina si armonizza alla natura corporea, emozionale e psichica dell'uomo.

È autore di articoli e libri, tra cui:
> "Di piatto in piatto. Viaggio nel mondo della nutrizione alla ricerca della giusta dieta";
> "DNE®. La Dieta della Nicchia Ecologica", Tecniche Nuove;
> "Il Grande Libro della DNE®"
> "Anoressia: i veri colpevoli", con il quale ha vinto il Premio Cesare Pavese 2013, Medici Scrittori Saggistica.

È autore con lo scrittore Dario Voltolini di:
> "Da costa a costa. Cronistoria di un viaggio per mare", presentato al Premio Strega 2013 da Silvio Perrella e Marcello Fois;

"Oltre le Colonne d'Ercole. Viaggio per mare e per terra nel tempo e nella conoscenza", presentato al Premio Strega 2014 da Daria Bignardi e Paolo Di Stefano.

Dello stesso autore:

English Edition:

Lorenzo Bracco, "ANOREXIA The Real Causes" (Cesare Pavese Award 2013 for Nonfiction Medical Writing). Paperback and ebook.

Edizione italiana:

Lorenzo Bracco "ANORESSIA i veri colpevoli" (Premio Cesare Pavese 2013, Medici Scrittori Saggistica). Edizione cartacea ed ebook.

Lorenzo Bracco, "DI PIATTO IN PIATTO. Viaggio nel mondo della nutrizione alla ricerca della giusta dieta" (attualmente non disponibile).

Lorenzo Bracco, "DNE®. La Dieta della Nicchia Ecologica", Tecniche Nuove.
Edizione cartacea e digitale.

Lorenzo Bracco, "Il Grande libro della DNE® Dieta della Nicchia Ecologica".
Edizione cartacea e digitale.

Lorenzo Bracco, "VOLTAR PAGINA. Elaborare il lutto".
Edizione cartacea ed ebook.

A quattro mani con Dario Voltolini:

Lorenzo Bracco e Dario Voltolini, "DA COSTA A COSTA. Cronistoria di un viaggio per mare".
Edizione cartacea ed ebook.

Lorenzo Bracco e Dario Voltolini, "OLTRE LE COLONNE D'ERCOLE. Viaggio per mare e per terra nel tempo e nella conoscenza".
Edizione cartacea ed ebook.

www.ingramcontent.com/pod-product-compliance
Lightning Source LLC
Chambersburg PA
CBHW070143290526
45789CB00002B/614